デジタル国富論

野村総合研究所
会長兼社長
此本臣吾［監修］

森健［編著］
NRIデジタルエコノミーチーム［著］

東洋経済新報社

デジタル資本主義の到来

本書は2018年5月刊行の『デジタル資本主義』（東洋経済新報社）の続編に当たる。野村総合研究所（NRI）は2017年度から3年間にわたり、「NRI未来創発フォーラム」において、デジタル資本主義という新たな経済システムの到来についての研究成果を発表してきた。私たちが描くデジタル資本主義の姿については前著をぜひご一読願いたい。本書はそれに引き続き、デジタル資本主義が産業や社会にどのような影響を及ぼすのか、企業の戦略や政策はどう変わるべきかについて2018年、2019年の未来創発フォーラムにおいて発表した内容を取りまとめたものである。

NRIは、コンサルティングとITサービスを本業とするが、加えて、コンサルティング活動が生み出すさまざまなナレッジを集約して日本や世界のあるべき姿を描き、社会制度や企業経営の新たな展開を提言するシンクタンク機能を持っている。本書はこのシンクタンク機能を司る未来創発センターに所属する研究員を中心に、ミクロの産業論や政策論についてはそれぞれを専門とするコンサルティング事業本部所属のコンサルタントも加わって、執筆されたものである。

NRIが実施する「生活者1万人アンケート調査」や各種のインターネット世論調査によれ

ば、日本人の生活満足度には所得の多寡よりもデジタルの利活用度のインパクトが大きいという結果が得られている。デジタル技術の浸透で生活者に莫大な消費者余剰がもたらされており、生活のさまざまなシーンで恩恵が生み出されている。音楽や動画を無料サービスで楽しむこと、SNS（ソーシャル・ネットワーキング・サービス）で社会とつながり、さまざまな情報を得ること、EC（電子商取引）サイトで欲しいものをすぐに手に入れることなどが指先ひとつでできる。もちろん、デジタル化のマイナスの側面はあるが、今はプラスの効果がそれを大きく上回っている。

そして、北欧の事例をみると、国民生活の豊かさを生み出すデジタル化の効能をフルに引き出すには、国民のデジタルIDの保有や行政サービスのデジタル化など、国レベルでのデジタル社会資本の蓄積を推進することの重要さがわかる。デンマークなどでは個人のデータは国が管理する公共財となっており、さまざまなスタートアップ企業がそれらを活用した生活者目線のサービスを展開している。日本においても、マイナンバーカードの普及は言うに及ばず、マイキーIDを活用した行政手続きのデジタル化を遅滞なく進めることが必要である。

デジタル化の特徴は消費者余剰が生活に豊かさをもたらすことだと述べたが、消費者余剰はGDP（生産者余剰）には含まれないため、デジタル化の経済効果をGDPだけで計測することには限界がある。そこで本書では「GDP＋i」（GDPプラスアイ）という新たな経済指標を提唱している。GDP＋iでは、横軸に生産者余剰（GDP）を、縦軸に消費者余剰（デジタル化が生活者にもたらす豊かさ、ウェルビーイングに相当）をとって平面で経済状況を表現する。

日本の成長戦略（ＧＤＰの増加）の観点から語られることが多いデジタル化であるが、生産者あるいは産業側からの発想よりも、むしろ国民の豊かさ（ウェルビーイングの増進）を高めるための消費者あるいは国民目線での発想こそが重要なのではないか。これが本書に込めた私たちのメッセージのひとつである。

なお、本書で提示されるさまざまな分析には試論に近い内容も含まれている。ＮＲＩは今後もこれらの試論を検証する作業を続けながら、デジタル資本主義時代にふさわしい、日本の豊かさに貢献する国や自治体、民間企業の活動を支援していきたいと考えている。

４Ｇとスマートフォンが牽引したデジタル資本主義の第一幕はＧＡＦＡ（グーグル、アマゾン、フェイスブック、アップル）、あるいは米中が席巻した感があるが、北欧のように官民が一体となり国民のウェルビーイングの向上を実現している事例もある。デジタル化の勝者の姿は決して一義的に定まるものではない。５ＧとＩｏＴやＡＩがリードするデジタル資本主義の第二幕において日本が目指すべきは、和製ＧＡＦＡをつくることよりも、デジタル化によってどれだけ国民生活が豊かになったかを競うことであるべきと考える。

「新しい社会のパラダイムを洞察し、その実現を担う」。これが日本初の民間総合シンクタンクとして1965年の創業以来、NRIが掲げてきた社会的使命である。デジタル資本主義の到来に際し、NRIはコンサルティングとITサービスの事業を通じて、新しいパラダイムの実現をしっかりと担っていきたい。

2020年3月

株式会社野村総合研究所　代表取締役会長兼社長　此本　臣吾

目次

第2章 aaS（アズ・ア・サービス）化する産業

第3章 SaaSのトレンドにみるaaS化の最先端

第4章

ソフトウェア産業以外のaaSの事例

第5章

aaSの未来像と移行のハードル

第6章

デジタル時代の新たな経済社会指標

第7章 デジタル社会資本による国・地方の豊かさの実現

CONTENTS

第8章 デジタル資本主義のゆくえ

序章

揺らぐ既成概念——本書の構成

デジタル技術によるGDPのピンボケ現象

１９９０年代以降、日本の実質ＧＤＰ（国内総生産）成長率は世界全体と比較して低迷し、賃金水準の推移をみても90年代半ばを境に右肩下がりの傾向にある。総じて我が国経済は好調とはいえないような状況が続いている。

その一方、野村総合研究所（ＮＲＩ）が３年に一度実施している「生活者１万人アンケート調査」の結果（２０１８年）をみると、今の生活レベルが「上／中の上」の部類だという回答が20・０％、「中の中」が54・６％であり、生活レベルが悪くないとする回答の合計が約75％を占めている。２００６年はこの値が約58％だったので、約10年間のうちに大きく上昇している。経済状況が良くないにもかかわらず生活レベルに対する満足度はさほど悪くない、という傾向は、２０１０年頃から顕著になってきている。

これは、どうしてなのだろうか。「生活者1万人アンケート調査」を詳細に分析していくと、自分の生活が「上／中の上」と回答した人ほど、「インターネット上のサイトで流行や売れ筋、専門家のコメントなどを調べる」ことや、「インターネット上の商品・サービスなどの評価サイトやブログ、ＳＮＳなどで、利用者の評価について調べる」ことを積極的に行っているという結果が出ている。つまり、インターネットやデジタルサービスの活用度合いが高い生活者ほど、生活満足度が高いという状況がうかがえるのである。

ＮＲＩは、デジタル技術が消費者余剰と呼ばれる領域の存在感を高めることを通じて、「ＧＤＰのピンボケ現象」、つまりＧＤＰでは説明できない生活満足度の向上を引き起こしていると考えている。消費者余剰とは、顧客が感じるお得感のようなものであって、「ここまでは支払っても良い」と考える金額（支払意思額）と、実際の価格の差分である。それに対して顧客が実際に支払った金額からコストを引いたものが企業の利益であって、こちらは生産者余剰と呼ばれる。インターネットおよびスマートフォンの浸透は、目にみえない莫大な消費者余剰を生み出しているのである。ＳＮＳ（ソーシャル・ネットワーキング・サービス）や、地図アプリ、検索サービス、無料の動画サイト、無料のゲーム、その他便利なアプリの登場によって、我々は仕事の生産性を高めるだけでなく、余暇を楽しむことができるようになったのである。

実は、このような現象は日本だけでなく他国でもみられる。たとえばＥＵの世論調査（ユーロバロメーター）をみると、日本と同じくＧＤＰ成長率が低い国々においても、生活満足度が少しずつ上昇するという傾向がみられる。

我々は、18世紀の産業革命に匹敵する経済社会の変化がデジタル技術によって引き起こされていると考え、今起こりつつあるパラダイムシフトを「デジタル資本主義」と名付けた。１７７６年に出版されたアダム・スミスの『国富論』は、近代経済学の出発点であり、英国で勃興しつつあった産業資本主義の本質を論じた。その第１章では、分業を通じていかに生産量を飛躍的に増加させることができるのかを、有名なピン製造過程を例に詳述している。(1) 産業資本主義とは基本的に生産者起点の経済システムである。それに対して、デジタル資本主義は消費者、あるいは利用者起点のシステムであり、デジタル資本主義を理解するためには、経済社会を全く異なる視点から意図的にみる必要がある。

デジタル資本主義は、これまでの資本主義とは明らかに異なる特徴を持つ一方で、古来からの商業資本主義や、これまで続いてきた産業資本主義との類似点もみられるなど、先祖返りの様相もあり一筋縄ではいかない存在である。本書では、デジタル資本主義がどのような特徴を持っているのか、前著『デジタル資本主義』のおさらいも含めて第１章で説明をしている。

ａａＳ（アズ・ア・サービス）化する産業

デジタルは産業構造にも大きな変革を迫っている。その先駆例がＭａａＳ（モビリティ・アズ・ア・サービス）の登場である。現在統計で使われる産業区分は、生産者目線でつくられている。そこでは、トヨタやホンダは「自動車製造業」に属していることになるのだが、利用者目線で業界をみるとＭａａＳ、すなわち移動というサービスの提供企業ということになる。デジタル化の進展に伴って、従来の産業区分は今後さらにａａＳ化、すなわち効用別の分類に変わっていくだろう。その原動力になっているのが莫大な量のデジタルデータである。あたかも増え続けるデータが熱源になり、現在の産業構造を溶解し、液体化した各機能が効用（例：移動）別に再集結をしているかのようである。

アダム・スミスは『国富論』のなかで、モノを生産する製造工は「生産的労働者」であるのに対して、現在サービス業と呼ばれている職業を「非生産的労働者」だと述べている[2]。製造工が原材料に付加価値を加えて新たな形で成果を残すのに対して、サービス業の仕事の成果は生み出された瞬間に消えるからである。スミスはあくまで、物質的充足度に対する貢献という視点からそう分類しているのだが、本書では、サービスをデジタル資本主義の主役に据え、サービスが特に効用面での充足という点で「生産的」になれることを示していきたい。

第２章から第５章にかけて、産業構造のａａＳ化がどのような姿をとりうるのか、マクロの視点に加えて、企業経営の視点からも論じている。第3章では、aaSの先駆けともいえるSaaS（ソフトウェア・アズ・ア・サービス）に着目し、SaaSの歴史や最新状況から、aaSがどのような経路をたどって進化しているのかを分析している。そこでは価値創出と価値獲得という2つの視点に着目した。価値創出とは、顧客が「○○円までならお金を出しても良い」と思えるような商品・サービスを生み出すことであり、価値獲得とは実際にその商品・サービスに課金をして金銭化できた範囲である。ソフトウェア産業のaaS化の歴史をみると、3つの価値創出の視点と、3つの価値獲得方法が存在していることが明らかになったので、そこから9つのマトリクスを導出した。

第4章では9つのマトリクスの枠組みを用いて、ソフトウェア以外の産業がどのようにaaS化し、さらに今後どのように進化していくかを事例を交えながら解説している。第5章では、産業のaaS化、すなわち9つのマトリクス上の進化（左下から右上への移動）がぶつかる壁について議論している。具体的には、「発想転換の壁」「オープン化の壁」の2つを紹介し、それを乗り越えるための方策について論じている。

デジタル時代の豊かさとは：GDP＋i（GDPプラスアイ）

第6章ではデジタル資本主義時代に求められる新しい経済社会指標について議論している。

国の経済力を表すといわれているＧＤＰ（国内総生産）であるが、実はその誕生時点から、国民の福祉水準を表す指標としては問題があることが指摘されてきた。たとえば環境破壊が人間にもたらす負の影響が考慮されていないこと、[3] ボランティア活動が生み出す価値（社会の絆）や、無償の家事労働が統計に反映されない、などの指摘である。本書で取り上げる、デジタル技術が生み出す莫大な消費者余剰（各人の主観的なお得感）も、ＧＤＰでは捕捉できない巨大なミッシングパーツだといえる。

ＮＲＩは、ＭＩＴ（マサチューセッツ工科大学）の研究チームのアイデアを参考にしながら、デジタル時代の新経済指標案として「ＧＤＰ＋ｉ（ＧＤＰプラスアイ）」というコンセプトを本書で提示している。詳細は第６章をご覧いただければと思うが、ＧＤＰ＋ｉは国民の物質的充足度（ＧＤＰ：Ｘ軸）に加えて、精神的充足度（ｉ：Ｙ軸）を捕捉しようと試みる指標で、Ｘ‐Ｙ軸の平面上で豊かさを表現することを意図している。現時点ではｉを示す指標として消費者余剰を用いている。消費者余剰はあくまで精神的充足度の一部でしかないけれども、ＧＤＰでは十分にとらえきれなかった豊かさを把握するための第一歩といった位置づけである。ＧＤＰプラスアイという呼称は、数学の複素数（ａ＋ｂｉ）からインスピレーションを得ている。虚数（ｉ）および複素数の発見によって科学が大きな発展を遂げたように、我々の経済社会もＧＤＰという実数だけでなく、消費者余剰というある意味虚数的（イマジナリー）な存在を考慮することで、大きな発展を遂げるべきだ、という思いが込められている。

アダム・スミスの世界観でいうならば、物質的充足度をいかに高めるか、に焦点を当てた『国富論』がX軸で、人間の社会性と共感力に着目したもう一つの大著である『道徳感情論』がY軸を表しているということかもしれない。スミスは、市民が人間的な感情を素直に表現し、健康で文化的な生活を送れる社会を『道徳感情論』のなかに描いていたが、そのためには『国富論』で示したように、まず物質的な豊かさが満たされなければならないと考えていたのである。(4)

この新指標は、経済社会を「線」ではなく「面」で評価する。「線」の評価だと、数値が高い方が良く議論の余地はない、という風な展開になってしまうが、経済社会を「面」でとらえるようになると多様な選択肢が生まれる。ベクトルの傾きと言っても良いが、各国が置かれている状況に従って、X軸の成長を重視するのか、Y軸の成長を重視するのか多様な選択肢が生まれる。ベクトルの傾きの選択は個人にもあてはまるだろう。X軸の成長（つまり所得の拡大）を重視する人もいるし、Y軸の成長（つまり精神的充足度の拡大）を重視する人もいるだろう。GDP＋iでは多様な価値観を考慮することができるのだ。

デジタル社会資本の必要性

社会のデジタル化が市民の利便性向上につながっている事例として北欧諸国が取り上げられることが多い。NRIがEU加盟国について分析した結果によると、北欧諸国を含めたEU加盟国において、社会のデジタル化が進んでいる国ほど市民の生活満足度が高いということがわかった。もちろん北欧諸国では、手厚い福祉が生活満足度につながっている面も否定できないが、北欧のような高福祉国を除いてみても、デジタル化の度合いが進んでいる国ほど生活満足度が高い傾向にあった。

デジタル化と生活満足度はどういうメカニズムでつながっているのだろうか。国際連合は、全世界で幸福度調査を実施しているが、それによれば、国民の幸福度は、所得水準、社会的なサポート、健康寿命、行動の自由度、社会の寛容度、社会の公正さ、の6つの要因でおおむね説明ができるという。そして所得水準だけは、幸福度へのインパクトが徐々に低下すると分析している。つまり高所得国になればなるほど、所得が幸福度にもたらすインパクトは小さくなるのである。

翻ってデジタル技術をみると、全てが必ずしも生活満足度を高める目的に使われているとは限らないが、[5]先ほどの6要因のなかでも、SNSが社会的なつながりをもたらし、テレワーク（遠隔勤務）の可能性や、地方に住みながらも都会の仕事を受注するといった行動の自由度を高めてくれている。またウェアラブル機器が収集する人体のバイタルデータや運動データを使って、人々の健康増進を促すサービスが登場するなど、デジタル技術が、前述の6つの要因を通じて人々の生活満足度を高める可能性があることに疑いの余地はないだろう。

第7章では、社会資本としてのデジタルという側面に着目し、デジタル先進国であるデンマークやエストニアにおけるデジタル社会資本の整備状況を紹介している。さらに日本においても、デジタル社会資本の整備を意欲的に進めている地方都市の取り組みを通じて、市民の豊かさを高めるためのデジタル社会資本の在り方について論じている。

「データはナニモノか」論争

デジタルデータの経済的/経営的な意味合いに関する議論が始まりつつある。これまでユーザーが意識的あるいは無意識にプラットフォームに提供しているデータは、あたかもプラットフォーム企業にとっての原材料、あるいは企業が保有する資産かのように扱われてきた。しかし新たな動きが登場しつつある。日本では個人データの管理や運用をユーザーに代わって行う「情報銀行」というビジネスモデルが登場した。データをデータ提供者の資産であるかのように扱い、信託された情報銀行がそれを運用するという考え方である。また米国カリフォルニア州知事は、2019年2月に「データ配当」制度を検討すると宣言した。これはデータをユーザーからの出資とみなし、企業はユーザーに対して配当を支払うべきだという考え方である。欧州でGDPR(一般データ保護規則)が策定されたように、市民がデータをコントロールできるような潮流が生まれている。この流れは、あたかも産業革命後に起こった労働力の扱いの変化のようでもある。それまで安価もしくは無償で使われていた労働力が、次第に市場で取引されるようになり、さらには国家によって最低賃金が設定されるなど、徐々に労働者の権利が認められるようになったのである。

情報銀行やデータ配当が実際に機能するのかの判断は現時点では難しいが、「データはナニモノか」という問いかけは、デジタル資本主義の道筋に大きな影響を及ぼす意味合いがある。そのため第8章では、データの経済的／社会的な意味合いに関する論点を俯瞰し、デジタル資本主義のゆくえについて考察している。

そして本書の最後では、人間の役割の重要さを改めて主張している。データをどう位置づけるのか、またデジタル技術をどう使うのかは人間の意思次第である。別の言い方をすると、デジタル技術に対して人間はどのくらい能動的でいられるのかということで、エーリッヒ・フロム流にいうならば、我々人間は、デジタル技術を使って「積極的な自由」を追求するようになるのか、あるいは急速に進化するデジタル技術によって自分の無力感を強め、「自由からの逃走」という形でＡＩ（人工知能）の指示にただ従う存在になってしまうのか、おおいなる岐路に立たされているのである。

第1章

デジタル資本主義の登場

経済指標に表れない主観的な生活レベルの向上

21世紀、資本主義は大きな変曲点を迎えているかのようである。2008年のリーマンショックとその後の世界金融危機を経て、世界経済はローレンス・サマーズのいう「長期停滞の時代」に入った。さらに世界的な経済格差の拡大や、米国のトランプ政権や英国のブレグジット（国民投票によるEUからの離脱決定）、米中の貿易摩擦問題といった保護主義的な動きが、世界経済にさらなる暗雲をもたらしているようにみえる。

しかしこれは事実の一側面だけをみているに過ぎない。我々の日常生活に目を転じれば、インターネットやスマートフォンの浸透は、利便性の向上だけでなく、これまでなら出会うこと

図表1-1　日本人の「世間一般から見た自分の生活レベルに対する意識」の推移

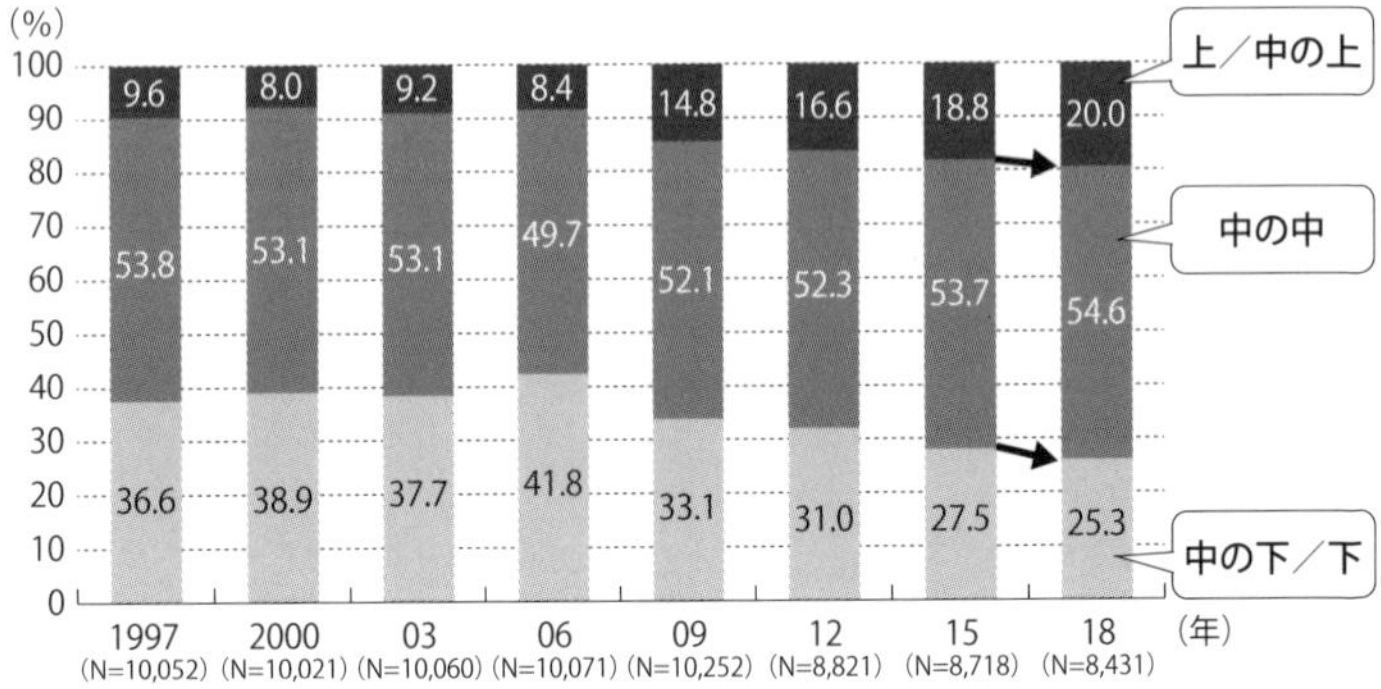

（注）無回答を除外して集計。
（出所）NRI「生活者1万人アンケート調査」（1997～2018年）

もなかったような人とのつながりを生み出している。

シェアリング・エコノミーと呼ばれるデジタル・プラットフォームを通じて、自分のスキルや保有している未稼働資産（例：自家用車）を他人とシェアすることも可能になった。さらに、資産をなるべく保有しない「持たない」暮らしを志向する人が出てくるなど、選択できる生活様式が多様化している。

ＮＲＩが日本で3年に1度実施している「生活者1万人アンケート調査」によれば、2006年以降、自分自身の生活レベルを「中の中」もしくは「上／中の上」とみなす日本人の比率は着実に増加している（図表1-1）。低空飛行を続けるGDP成長率や、一向に上がらない賃金水準では説明できない、主観的な生活の質の向上が起こっているのだ。

アンケート結果を詳しくみると、インターネットや無料のデジタルサービスを使いこなしている人ほど、自分の生活レベルを高く評価する傾向がある。スマホで使えるさまざまな無料アプリやインターネットの検索サービスによって、生活の利便性が高まるだけでなく、お得情報を集めることで賢い消費ができるようになるなど、少ない支出でも豊かに暮らせるような環境が生み出されているのである。

生産者と消費者というコインの二面性

それではＧＤＰなどの経済指標が間違っているのかというと必ずしもそうとは言い切れない。経済指標はあくまで限られた境界内の活動を捕捉する指標であって、境界外の経済活動はそもそも把握の対象外になる。その代表例が家事労働やボランティア活動など無償で行われている生産活動である。国の統計作成部局は、ＧＤＰでは捕捉できない生産活動や、環境破壊のように生産活動に伴って引き起こされる負の影響を金銭換算しようと試みているが[1]、生産活動をいくら精緻に把握しようと思っても、とらえられない領域が残されている。それを理解するためには、コインの二面性に着目する必要がある。どういうことかというと、経済活動における我々生活者の２つの顔で、具体的には生産者と消費者の顔である。

経済学で用いる生産者余剰と消費者余剰という概念をみてみよう。ある商品、たとえばカバ

図表1–2　生産者余剰と消費者余剰の概念

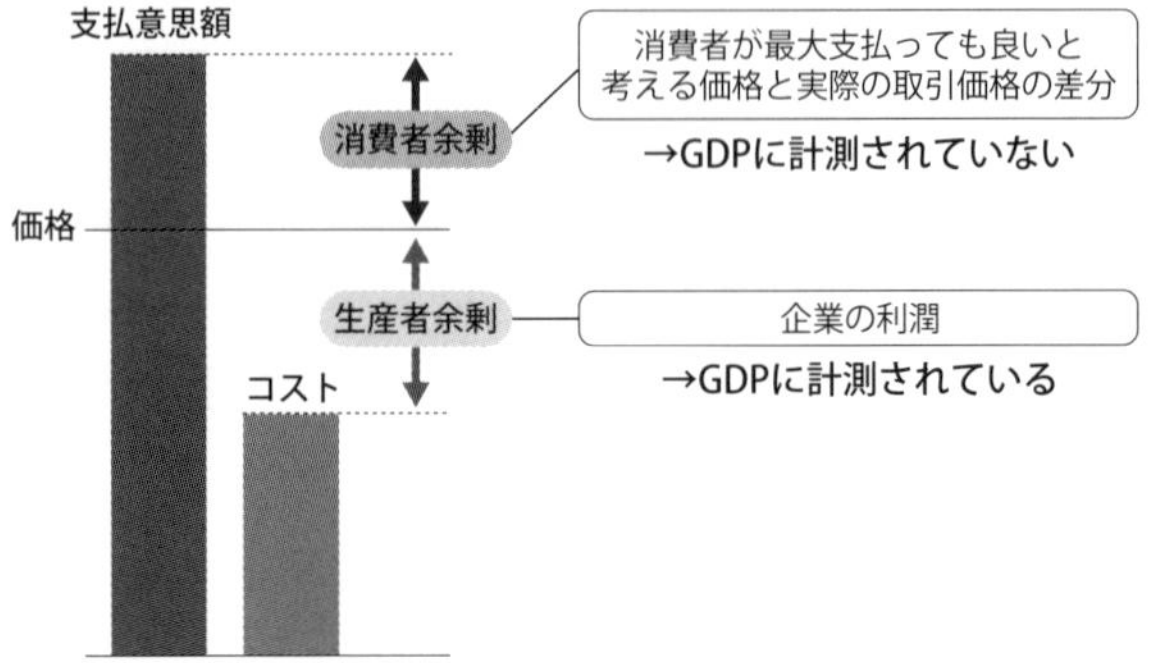

（出所）NRI

ンを考えたときに、そのカバンを製造・販売するためのコストがあり、その販売価格がある。そして忘れてはいけないのが、お客さんがそのカバンに最大いくらまでなら払っても良いか、という「支払意思額」である。販売価格とコストの差を生産者余剰（つまりカバンメーカーの利潤）、価格と支払意思額の差を消費者余剰（つまり顧客が感じるお得感）と呼ぶ（図表1－2）。

生産者余剰は客観的に金額として把握できる存在で、この例で言えばカバンメーカーの利益である。国全体の企業の利益（付加価値）を集計したものがＧＤＰに他ならない。他方、消費者余剰すなわち「お得感」は顧客の頭の中でしか発生しない主観的な存在で、ＧＤＰなどの経済統計には表れない。多くの場合、顧客自身もはっきりとは支払意思額がわからず、値札をみたときに漠然と「高い」「安い」と感じる程度だろう。

それに対して、オークションは支払意思額が明示化される数少ない例である。オークションの方式にもよるが、たとえばヴィックリー・オークションと呼ばれる方式[2]では、各入札者がある商品（たとえば絵画）に対する自分の支払意思額を記入して入札する。そして一番高い支払意思額を入札した人が落札者となり、「2番目に高い支払意思額」を支払う。たとえば最高入札額が100万円で、次点が90万円だとした場合、100万円で入札した人は90万円でその絵画を購入することで、差額の10万円が消費者余剰となる[3]。

同じ商品に対する支払意思額は人によって異なる。また同一人物であっても、異なるタイミングや状況で支払意思額が変わる可能性も十分にある。自分の懐具合、周囲のその商品に対する評価（例：他にも多くの人がこぞって購入しようとしている）、あるいは繰り返し同じ商品を購入した結果、飽きが来てしまい支払意思額が下がる、というようなことがありうる。

このように消費者余剰は生産者余剰と比べて雲をつかむような存在ではあるが、我々が日常の買い物時に「高い」「安い」「リーズナブル」などと感じていることは事実であり、消費者余剰の存在を前提に議論を進めよう。

圧迫される生産者余剰、拡大する消費者余剰

インターネットやスマートフォンの登場は、生産者余剰と消費者余剰にどのような影響を与えているのだろうか。まず価格への影響を考えると、インターネットの浸透はどちらかといえば価格を押し下げる方向にあるだろう。買い手は価格比較サイトをみれば、同一製品について最も安価なお店を見つけることができるし、売り手も、そういった価格比較サイトの存在によって、価格を下げなければならないという圧力がかかる。

インターネット通販が物価に及ぼす影響（通称アマゾン・エフェクト）を推計した日本銀行の研究によれば、家電製品などのインターネット競合財の価格は0・3％押し下げられ、生鮮食品やエネルギーについては0・1〜0・2％程度価格が押し下げられたと分析している。[4] またハーバード大学のアルベルト・カバーリョが世界10か国で行ったオンライン価格と店舗価格の比較プロジェクトでは、同一製品についてオンライン価格の方が店舗価格よりも平均で4％低いという結果が出ているなど、[5] 国や製品カテゴリーによって違いはあるものの、全般的には価格の押し下げ効果があるといって良さそうだ。

価格の押し下げと同じくコストも押し下げられる。Eコマースサイトを通じて販売することで流通コストを下げたり、これまで自前の設備（例：サーバー）を使っていたのをやめて、外部のサービス（例：アマゾンのAWS）を活用する、あるいは音楽や動画のようにプロダクツ

図表1-3　価格とコストの低下がもたらす消費者余剰の拡大

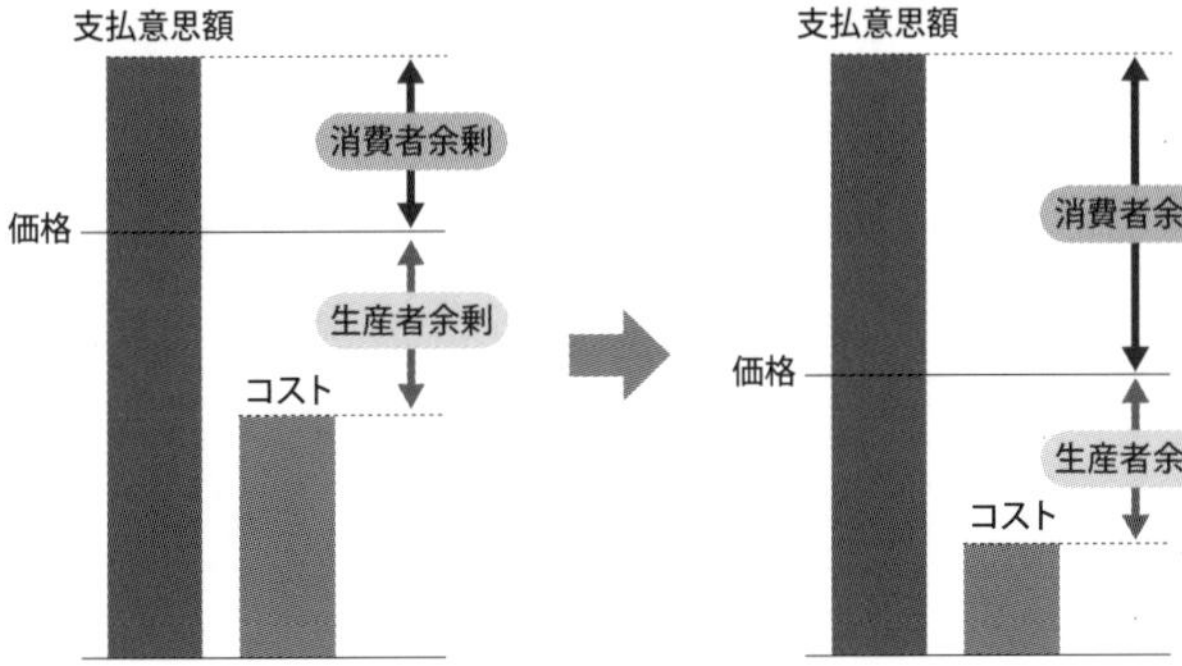

（出所）NRI

自身がデジタル化して複製コストがほぼゼロになる、といったことが含まれる。図表1−3に示しているように、価格とコストが低下すれば消費者余剰は拡大する。そして生産者余剰は、価格の低下ほどコストが低下しないのであれば縮小していくことになる。

スポティファイが全世界で生み出す消費者余剰は3兆円強

前著『デジタル資本主義』でも紹介した、スウェーデン発の音楽配信プラットフォーム、スポティファイは、月額1000円ほどで数十万曲の音楽を聴き放題というビジネスモデルで世界最大の音楽配信プラットフォームとなっている。音楽産業のディスラプター（既存のビジネスの仕組みを破壊する存在）としてのスポティ

図表1-4　スポティファイが全世界で生み出している消費者余剰（試算値）と生産者余剰

区分		推計額
消費者余剰	有料ユーザー（1億800万人）	約2兆6,000億円
	無料ユーザー（1億2,400万人）	約7,000億円
	合計	約3兆3,000億円
生産者余剰		1,800億円（※2018年のスポティファイの粗利額）

（注）為替レートは1ユーロ＝131.92円（2018年平均）を用いた。
（出所）消費者余剰はNRIの試算、スポティファイの粗利額（2018年）はYahoo! Finance、ユーザー数（2019年8月時点）は同社HPより

ファイは、図表1－3でいえば産業全体のコストと価格を大幅に押し下げることで、生産者余剰を圧迫、代わりに莫大な消費者余剰を生み出す企業の典型例だといえるだろう。

そこで2019年8月時点のユーザー数情報などを用いて、スポティファイが全世界で生み出している消費者余剰を試算した（図表1－4）。

それによると有料ユーザーの得た消費者余剰は1年間で約2兆6000億円、無料ユーザーが得た消費者余剰は約7000億円、合計で約3兆3000億円もの消費者余剰となった。対してスポティファイの生産者余剰を粗利額とすると、2018年はたったの1800億円であった。つまりスポティファイは粗利の18倍以上の消費者余剰を生み出していることになるのだ。

主要ＳＮＳが日本で生み出す消費者余剰は20兆円

次に無料のデジタルサービスについて考えてみよう。インターネットおよびスマートフォンの浸透とともに、我々は（データ通信料を除けば）さまざまな無料のデジタルサービスを楽しむことができるようになった。お得な買い物情報、お勧めレストラン情報、これから向かう先への最短経路の探索、ＳＮＳを通じた友人・知人とのコミュニケーション、ＹｏｕＴｕｂｅ上に投稿されている無数の動画閲覧などである。これを生産者余剰／消費者余剰の枠組みで考えると、広告主とプラットフォーム企業の間ではお金のやりとり（生産者余剰）が発生しているけれども、サービス利用者との間では消費者余剰しか発生していないことになる。ではいったいどのくらいの消費者余剰を生み出しているのだろうか。

ＮＲＩは２０１９年７月、日本で使われている主要ＳＮＳが生み出す消費者余剰を推計すべくユーザーアンケートを実施した。研究対象はフェイスブック、ツイッター、ＬＩＮＥ、インスタグラムの４つで、それぞれに対する支払意思額と受入意思額を推計した。支払意思額は、前述したようにその商品・サービスに対して最大いくらまでなら支払っても良いかという数値なのに対して、受入意思額とは、ある商品・サービスの利用を一定期間（例：１か月）諦めるための代償として最低限必要な金額である。

人間心理を考えれば、「〇〇にいくらまでなら支払えますか」（支払意思額）と聞かれると低

図表1-5　日本で主要SNSが生み出している消費者余剰(年間)

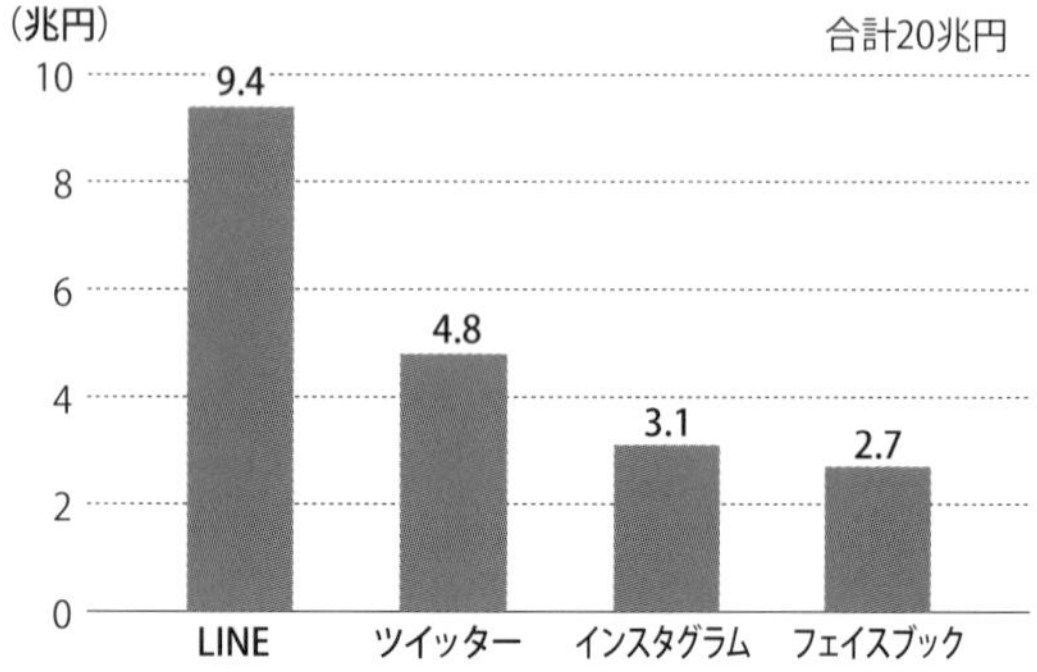

(注) 各プラットフォームについて支払意思額、受入意思額を聞き、その平均値を原単位として平均月間利用者数を乗じ、さらに年換算した。
(出所) NRI「生活者インターネット調査」2019年7月より推計

めの数値を申告し、「○○の利用を諦める代償として必要な金額はいくらですか」(受入意思額)と聞かれると高めの数値を申告しがちではないだろうか。両意思額の数値は乖離するのが通常であり、実際本調査でもかなりの乖離がみられた(例えばフェイスブックの場合、1か月間の支払意思額平均は約2000円、受入意思額の平均は約1万5000円だった)。そこで本調査では、支払意思額と受入意思額の平均をとって、各プラットフォームに対するユーザー1人当たりの主観的価値とみなした。それを日本におけるユーザー数に乗じることで、日本全体での消費者余剰を推計したのが図表1-5である。

　それによれば、LINEが生み出している消費者余剰(年間)は9・4兆円で4つのプラットフォームの中では最も大きい。そしてツイッター(4・8兆円)、インスタグラム(3・1

兆円）、フェイスブック（2・7兆円）と続き、4つの合計は20兆円となった。

産業資本主義からデジタル資本主義へ

これほどまでの規模の消費者余剰が、デジタル・プラットフォームによって生み出されているとしたら、冒頭に示した日本人の生活水準に関するアンケート調査結果も合点がいくのではないだろうか。デジタル化の進展は、GDP統計ではとらえられない消費者余剰を拡大することで、GDP統計のピンボケ現象を生み出しているのである。

我々は現在進行中のデジタル革命によって、資本主義が新たなステージに移行しつつあると考えている。前著『デジタル資本主義』でも示したように、利潤を獲得して蓄積するという資本主義自体は歴史上古くから存在していた。外国貿易に携わる商人や金貸し業がその主役を担っていた「商業資本主義」から、18世紀の産業革命を契機に、工業資本家と労働者が主役となる「産業資本主義」へと移行する。そして21世紀は、デジタル・プラットフォームとユーザー（利用者）が主役となる「デジタル資本主義」が登場しつつある。

産業資本主義もデジタル資本主義も、経済活動を通じて価値体系の差異を発見、あるいは生み出すことで、そこから利潤を獲得するという点では共通しているのだが、差異の生み出し方は異なる。産業資本主義のもとでは、アダム・スミスの『国富論』が示した分業や、機械の導入を通じて労働者1人当たりの生産性を高める一方で、農村部から都市部に流入する労働者予備軍が賃金水準を抑制する傾向にあったため、資本家は労働生産性と賃金の差異から利潤を獲得することができた。さらに大量生産技術が発達することで、増加する人口を養えるようになるのだが、企業からみれば、労働者であり消費者でもある人口の拡大は、自社ビジネス拡大にとって必須の条件だったといえるだろう。

それに対して、現在生まれつつあるデジタル資本主義では、データが重要な役割を果たす。企業は収集した膨大なデータをもとに顧客ごとの嗜好や支払意思額を分析し、各人に対してパーソナライズされた最適な財・サービスを提供する。データの量が増え、データの分析能力が高まれば高まるほど、顧客は自分好みの商品・サービスを提供されるようになる。つまりデータの生産性が高まることで顧客の支払意思額も高まるのに対して、データは安価かつ大量に供給されるということで、データの生産性（もしくは企業のデータ活用能力）とデータ関連費用の差異が利潤の源泉になるのである。

人口爆発を生み出した産業資本主義

産業資本主義を象徴するのが世界的な人口爆発である（図表1-6）。世界全体の人口は西暦1000年の2・7億人から非常にゆっくりと増加し、1820年頃にようやく10億人を突破

図表1-6　産業資本主義のもとで急拡大した世界の人口

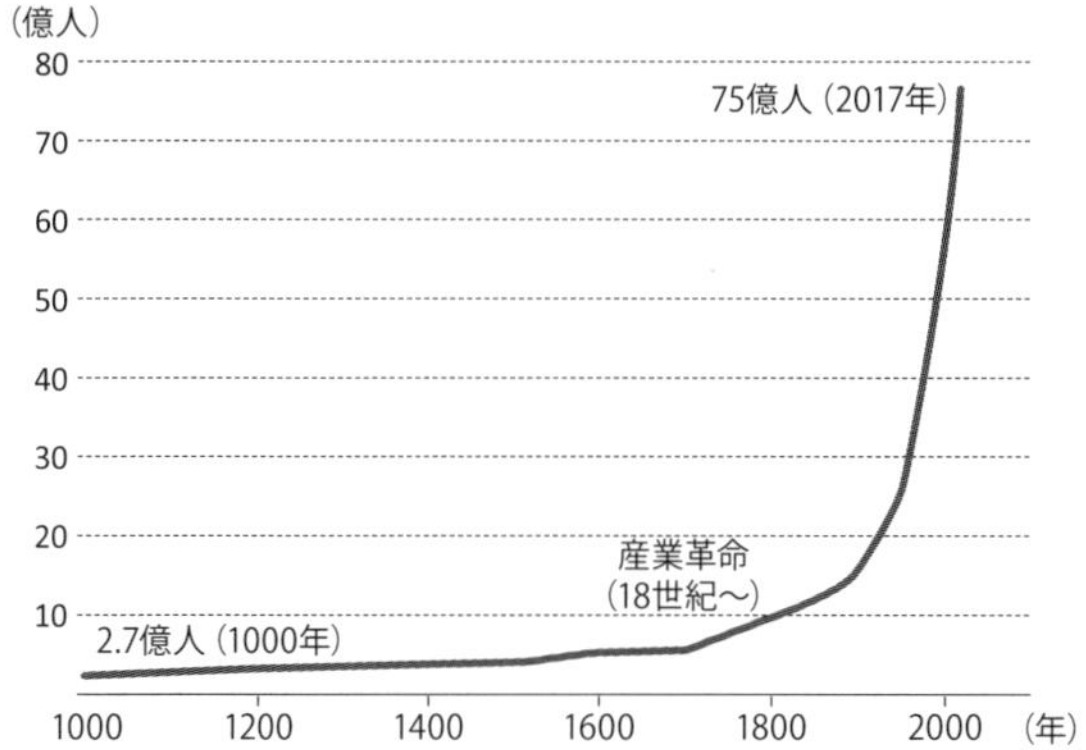

(出所) Maddison ProjectよりNRI作成

する。その後は産業革命を契機とするかのように指数関数的に増加し始め、2017年には75億人にまで達するのである。西暦1000年から1820年までの世界の人口増加率は、年率換算で0・2%に過ぎなかったが、1820年から2017年までの人口増加率は年率換算で4・6%となり、グラフに示されているような人口爆発をもたらした。

英国を手始めに世界中に広がった工業・農業分野の飛躍的な生産力拡大は、食料品や生活必需品の供給を増やし、養っていける人口を増大させた。増加した人間は、労働者として生産に関与するだけでなく、消費者としても産業資本主義の発展に寄与するのである。

しかし、この人口爆発というトレンドも終わりを迎えているかのようである。図表1-7には2000年と2010年の世界の人口実績と、

図表1-7　終わりを迎える世界の人口爆発

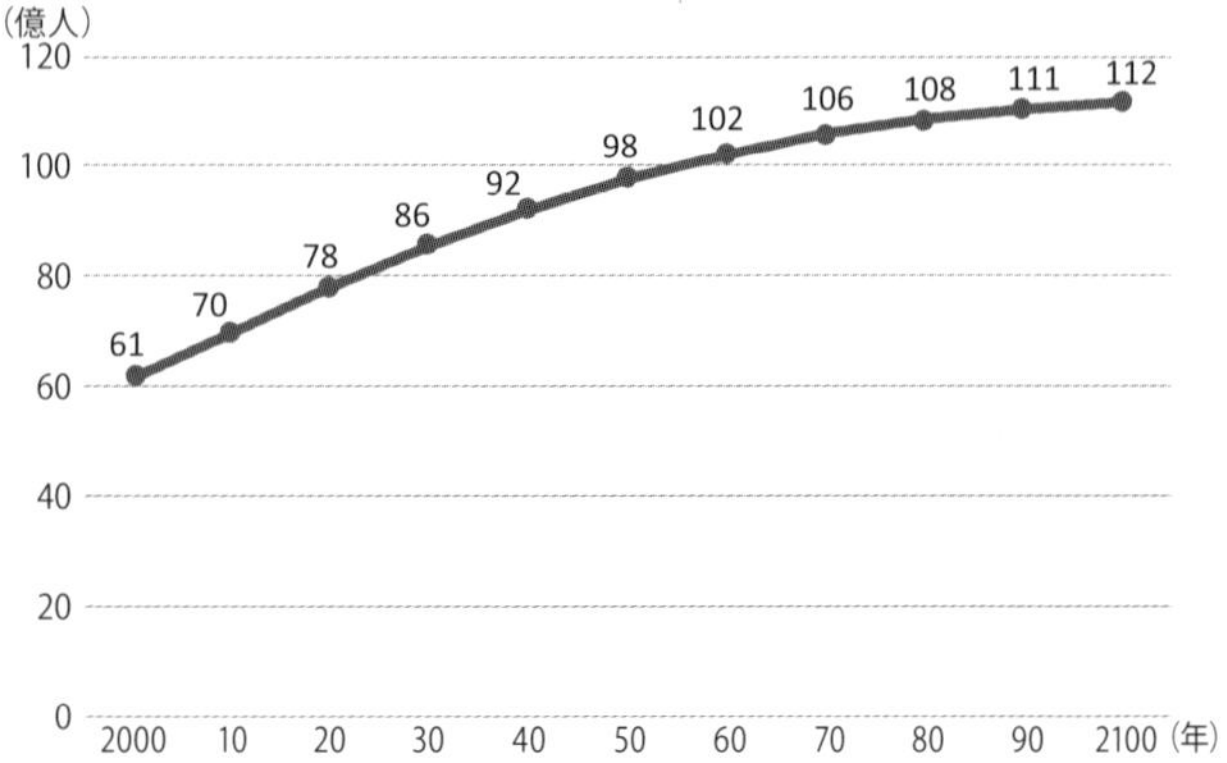

（出所）国際連合“World Population Prospects: 2017 Revision”

２０２０～２１００年にかけての国連の人口予測値（中位推計値）を示している。国連の見通しによれば、世界の総人口は21世紀中も増加していくが、その増加率は徐々に低下する。西暦２１００年における人口増加率（２０９０年からの10年間の年平均）は０・１％とほぼゼロになり、その後の世界人口は横ばいもしくは減少していく可能性がある。[6]

データの爆発的な増加を生み出すデジタル資本主義

これは歴史的な大転換であり、産業資本主義終焉の象徴といえるだろう。現在進行中のデジタル革命は「第４次産業革命」と呼ばれることが多く、[7]呼称からわかるように、産業資本主義の中での動きだというニュアンスが込められている。しかし歴史を超長期に俯瞰することで、資本主義が産業資本主義の次のステージに移行しつつあると考える方が理にかなっている。[8] つまり第4次産業革命ではなく、第1次デジタル革命なのである。また、現在のデジタル革命によって資本主義が終焉するという論者もいるが、これは極端な見解であろう。世の中の全てのものがデジタル化されているわけではなく、希少な財・サービスはまだたくさん存在していること、さらに我々人間は異なるニーズや欲求を持っていて、これらの希少性や差異が存在している限り、利潤獲得機会は存在しているからである。

産業資本主義の象徴でもある人口爆発が終わりを迎える代わりに、指数関数的に増えていくものがある。それはデジタルデータである。IDC社によれば、世界全体のデジタルデータ量は、21世紀に入ってから指数関数的に増えていて、2018年の33ゼタバイト（注：1ゼタバイトは10の21乗バイト）から、2025年には175ゼタバイトにまで5倍以上拡大することが予想されている。[9] この指数関数的な増加は当分止まりそうになく、100年後に振り返ってみたら、21世紀はデータ爆発が始まった世紀であったという評価がなされるであろう。

ユーロモニターによれば、2019年は世界人口の過半数である40億人がインターネットを利用する歴史的な年になった。[10] これを後押ししているのはスマートフォンの急速な浸透であるが、スマートフォンの全世界での稼働台数は、2016年時点ですでに39・6億台に達している。[11] さらにIoT（モノのインターネット）という呼び名で知られているように、あらゆるモノにセンサーが搭載され、稼働状況や燃費などさまざまな情報をやり取りすることで、部品の故障前にそれを察知して部品を取り換えるなど、これまでは不可能だったサービスが提供できるようになっており、これら全てがデータの爆発的増加を今後も後押ししていくだろう。

人間の交流データを可視化する

ＩｏＴはモノの稼働状況をデータで可視化する仕組みだが、人間の活動データに着目した新領域も登場している。ＭＩＴ（マサチューセッツ工科大学）のアレックス・ペントランドは、人間同士の間のアイデアの流れに注目し、その流れを膨大なデジタルデータによって可視化した上で、その流れを変化させることで、チームやコミュニティのパフォーマンスを上げる研究に取り組んでいる。

ペントランドらによる金融取引の研究事例を紹介しよう。[12] イートロと呼ばれるオンラインの金融取引サービスにはソーシャルネットワーク機能がついていて、他のユーザーがどのような金融取引を行ったかを参照し、他人の金融取引を模倣することができる。ペントランドらの研究チームは、約１０００万件もの取引データから、興味深い傾向を突き止めている。その結果によれば、独立しているユーザー、つまり他人の金融取引をまったく模倣せずに我が道をゆくユーザーと、反対に他人の金融取引の模倣ばかりして自分の考えを持たないユーザーの両方ともに投資収益率が低かったのである。投資収益率が最も高いのはその中間のユーザーであった。

つまり、自分の考えを持ちながらも、適度に他人から学ぶような人がより成功していたのである。この発見をもとに、ペントランドらは両極の投資家に対して行動を中庸化するよう促したところ、全体の投資収益率が改善したとのことである。

個々人ではなくチームやコミュニティに注目して、人々の間の直接的、間接的な交流がもたらすダイナミクスを分析する社会物理学という領域は古くから存在していたものの、このような実証的な取り組みはビッグデータの存在なしには実現できなかっただろう。

木々もつながっている：WWW（ウッド・ワイド・ウェブ）の存在

人間のつながりだけでなく自然のつながりも可視化される時代が到来している。ブリティッシュコロンビア大学のスザンヌ・シマードらは、森に生息する木々が、木の根っこに生える菌根（注：植物の根に侵入して鞘状の菌糸をはりめぐらせる）によって他の木々とつながっていること、そのネットワークを介して木々同士があたかも会話をするかのように栄養分や危険信号を交換していることを発見し、これをWWW（ウッド・ワイド・ウェブ）と名付けた[13]。シマードによれば、WWW上には「マザー・ツリー」と呼ばれるハブ的な役割を果たす大きな木があり、背が低く太陽の光を浴びづらい若木に菌根を通じて栄養分を供給している。また、朽ちかけている木が自身の保有している最後の栄養分を周囲の木に供給しているさまも観察できたとのことである。

WWWの研究は技術進歩とともに急速に発展し、2019年にはスタンフォード大学とクラウザー・ラボによって、世界70か国以上を対象に、2万8000種類、120万本の木の間で形成されている菌根のネットワークが「マッピング」されるまでに至った。クラウザー博士はBBCのインタビューに対して、「MRIで脳をスキャンすることで、脳の機能を理解する助けになっているように、土中の菌のグローバルマッピングはグローバル・エコシステムを理解する助けになるだろう」と述べている。(14)

6次から3・5次の隔たりへ

センサー技術等の急速な発展に伴い、これまでは計測が困難だったさまざまな活動データの収集が可能になっている。対象範囲はモノだけでなく、前述した人間や自然の活動情報も含まれる。何よりも重要なのは、モノや人、生物単体の活動情報だけでなく、「つながりの中での活動」が捕捉できるようになったという点である。

ある調査によれば、全世界のSNS利用者数は、2010年の9・7億人から2019年には27・7億人（推計値）にまで拡大しているという。(15) その中でも最大のユーザー数を誇っているのはフェイスブックであり、2019年3月末時点の月間アクティブユーザー数は全世界で

23・8億人に上る。

世界はますます狭くなっているかのようである。社会心理学者のスタンレー・ミルグラムが1967年に行った「スモールワールド実験」では、世界中のだれかとつながるには平均して6人の知り合いを経ればたどり着けるという、いわゆる「6次の隔たり」が示された。それに対してフェイスブックは、フェイスブックユーザー間であれば平均して3・5人を経由すればだれにでもたどり着けるという「3・5次の隔たり」を2016年に公表している。(16)

スマートフォンの普及に伴って、我々は「デジタルパンくず」、すなわちどこを移動し、どんなものを購入しているかといった痕跡をあちこちに残している。これらのデジタルパンくずを大量にかき集めて集合体として分析することで、個人ではなく社会全体の課題や特徴が可視化されるようになったのである。前述した金融取引プラットフォームの事例のように、行動変化がどのような効果を生み出すかについてもリアルタイムで把握できるような世界が登場しつつあるのだ。

労働社会から仕事・活動社会へ

20世紀の哲学者ハンナ・アーレントは、『人間の条件』の中で、人間の基本的な活動力として「労働」「仕事」「活動」の3つをあげている（概略は図表1-8を参照のこと）。「労働」は繰り返し行われる定型作業で勤勉さが求められるのに対して、「仕事」は毎回青写真（設計図やコンセプト）を描いた上で行われるもので創造性が求められる。アーレントは「労働」と「仕事」の違いをキッチンとタイプライターというたとえで表現している。「活動」は他者との交流であり、自分の意見を表明するなど自分が何者かを晒す行為である。[17]

アーレントによれば、直接民主主義制がとられていた古代ギリシャのポリス（都市国家）で最も重視されていたのは「活動」すなわち政治参画である。逆に最も序列が低かったのが「労働」で奴隷などによって担われていた。しかし産業革命以後はこの序列が完全に逆転し、人間は「労働する動物」、すなわち3つの領域の中で「労働」の占める比率が極めて高くなるだけでなく、「労働」が最も価値あるものとみなされるようになったのである。産業資本主義は労働社会を生み出したのだが、その背景には価値観の転換、すなわち一種の洗脳が存在していたということである。

アーレントの3分類は、デジタル時代の社会を分析する際にも重要なヒントを与えてくれる。アーレントの定義する「労働」の領域、すなわち定型で繰り返し行われる業務はますますロボットやRPA（ロボティック・プロセス・オートメーション）と呼ばれるようなプログラムが担うようになってきた。人間は否応なく「仕事」「活動」領域の比率を高めざるを得ない状況になっているかのようである。「仕事」の領域は創造性が要求される分野であり、芸術家や職人だけでなく、企業においてもドラッカーが描くナレッジ・ワーカー[18]などはそれを担う存在で

図表1-8　労働、仕事、活動

	労働	仕事	活動
価値観	勤勉であれ	創造的であれ	他者との関係性の中で何者かであれ
スタイル	繰り返し／定型	始まりと終わり／制作	表明／波及
他者との関わり	孤独、疎遠	特定少数との関わり	不特定多数との関わり
人間の呼称	労働者（レイバー）	仕事人（ワーカー） 制作者（プロデューサー）	活動者（アクター）
対の概念	（生産物の）消費	（制作物の）利用	（活動内容の）評価

（出所）ハンナ・アーレント『人間の条件』（ちくま学芸文庫、1994年）よりNRI作成

ある。企業の中ではプロジェクト型と呼ばれる業務が増えているけれども、毎回異なるプロジェクトを企画・運営・完遂するようなスタイルは「仕事」に該当する。アーレントが呼ぶところの「活動」とは、まさに他者との交流であり、企業においても社内外の人々との議論や共同事業の企画立案、共同研究などの機会はますます増加しているといえるだろう。

社会全体に目を転じると、我々はインターネットおよびデジタル・プラットフォームを通じて、意識的／無意識的に自分が何者であるかを晒していて、「活動」の領域が拡大している。フェイスブックのように、自分の活動を意識的に晒す行為だけでなく、グーグル検索やアマゾンなどでの買い物を通じても、自身の嗜好や関心、生活スタイルに関する情報を無意識のうちに「デジタルパンくず」として残しているのである。デジタル資本主義とは、労働社会から仕事・活動社会への揺り戻しだとみることができるのだ。(19)

消費者から利用者・評価者へ

今一度、図表1-8をご覧いただきたい。一番下に「対の概念」という項目がある。これは3領域それぞれが対にしている概念で、たとえば労働の対の概念は消費である。労働でつくられたものは消費される。ここでいう消費とは、1回もしくは短い期間でその価値を使い切ってしまうという意味で、「使い捨て○○」のような商品が典型的である。20世紀を「大消費社会」と呼ぶ人もいるが、産業資本主義のもとでは、いかに多くのものを生産し消費するかが経済活動の至上命題となっていて、それは大量廃棄物の問題を引き起こしもした。産業資本主義下の人間は、労働者でもあり消費者でもあったのである。

それに対して、現在生まれつつあるデジタル資本主義では、デジタル・プラットフォームが経済活動の中心的存在になっている。これらのプラットフォームは何度も利用できる。実際これらのプラットフォームを使う人々は、消費者ではなくユーザー（利用者）と呼ばれている。さらにいえば、ユーザーは制作者でもある。ユーチューブに投稿された動画やスマートフォン向けのアプリ制作など、デジタル規格でつくられたコンテンツやアプリはまさに制作され、何度利用されても劣化しない、という意味で消費の対極にあるといえよう。我々人間は制作者／利用者という顔を持つようになってきたのである。

なお、本書では「生産者余剰／消費者余剰」という用語を一貫して使っており、消費者という名称を用いている。消費者余剰という言葉が経済学の教科書で一般的に使われているためであるが、デジタル資本主義の時代においては、消費者余剰ではなく利用者（ユーザー）余剰、という名称の方がふさわしいと考えている。

「活動」の対の概念は何か。アーレントはこの点について明示していないが、我々は「評価」だと考えている。労働で生まれたものが消費されるように、活動したものは評価される。フェイスブックで友人の投稿写真に「いいね」ボタンを押すのも評価である。実際、デジタル・プラットフォームでは評価が大きな役割を担っていて、あたかもユーザー全体が評価者になったかのようである。デジタル・プラットフォーム登場前は、書籍や音楽、ホテル、料理を評価するのはプロの評論家だけであった。しかしデジタル・プラットフォームが普及するにつれて、一般ユーザーがアマゾンに書籍のレビューを投稿し、宿泊したホテルのレビューを旅行仲介サイトに投稿するようになってきたのである。

またシェアリング・エコノミーでは、利用者のレビューの良し悪しが事業の成否のカギを握るといっても過言ではない。宿泊場所のシェアリングを仲介するエアビーアンドビーでは、ホスト（貸し手）が信頼できるかどうかを判断する最大のポイントは、過去の利用者のレビューである。高評価のコメントが多ければ信頼できる相手だと想像できるし、低評価のコメントが多ければ宿泊に躊躇するだろう。産業資本主義時代もホテル利用者の満足度や評価が事業に影響を及ぼしてはいたけれども、信頼の源泉はホテル自身のブランドであった。それに対して、シェアリング・エコノミーでの信頼の源泉は、プラットフォーム企業のブランドではなくユーザーの評価である。つまりデジタル資本主義時代の人間は、評価者（レビュアー）という顔も持つようになった。

活動社会の姿とその両義性

仕事・活動社会はどういう姿をとるのだろうか。ひとつの可能性は、ロボットやＡＩが労働を担い、人間は労働から解放される代わりに、創造力を発揮するような仕事や、コミュニティ・デジタル空間上での他者との交流という活動に注力できるような社会だ。これはまさに人間が人間らしく生きる、そしてロボットやＡＩと人間が上手に役割分担をしているような未来像である。

労働社会では人間を同質な生き物として枠にはめたのに対して、活動社会においては、人間をその本来の姿である多様な存在、アーレントの言葉を借りれば「複数性」を持った存在としてとらえるようになる。アーレントの描いた活動社会とは、「平等な同輩たちの前で思い切った発言と行動をすること、前もって結果のわからない何か新しいことを始めること、公共圏を構築すること、他者に対して約束と赦《ゆる》しを与えること」[20]なのである。

このように、仕事・活動社会とは、基本的には「人間が人間らしく」生きるという特徴を備えているのだが、仕事・活動社会が万人にとって理想郷になるとは限らない。これからは「労働」ではなく「仕事」「活動」をせよと言われても、創造力を働かせ続けるのは難しいし、他人との交流が主となる活動社会はむしろ息苦しいと感じる人もいるだろう。また労働の中に幸福や地域への根付きを見出す人もいるだろう。[21]

さらにいえば、過度なまでの活動社会化はむしろディストピア（暗黒郷）を生み出す可能性がある。たとえば、デジタル時代の活動社会は我々の一挙手一投足がモニタリングされているという意味で監視社会だという見方もある。そして監視にも犯罪抑止のような好ましい側面とプライバシー侵害のような悪い側面がある。ある記事によれば、日本国内には監視カメラが500万台存在し、10年前と比べて監視カメラの数が増えたと日本人の4人に3人が感じているという。[22]

物理的な監視カメラだけでなく、スマートフォンでの移動痕跡や、インターネット上での閲覧履歴のモニタリングなど、監視はあらゆるところに存在している。監視社会の専門家であるデイヴィッド・ライアンは、監視はもはや文化の一部になりつつあると述べている。[23] デジタル・プラットフォームを通じて企業が我々生活者の活動をモニタリングし、我々自身も他者あるいは自分自身を監視（モニタリング）している。SNSで友人がどんな活動をしているのか把握し、携帯電話会社などが提供している「子供見守りサービス」（GPS機能が付いたキッズ携帯を子供に持たせて所在を把握する）を使い、自身はスマートウォッチを装着して、歩数や心拍数、カロリー消費量などを監視するといった、自己監視が普通になっているのだ。

活動社会のディストピア像としては、デイヴ・エガーズの小説『ザ・サークル』が参考になる（2017年にトム・ハンクス、エマ・ワトソン主演で映画化された）。この小説では、主人公メイが世界一のIT企業サークル社に転職する。そこでは世界中から最高の知性を持った人材が集まり、「起こったことは全て知らされるべし」という使命のもと、さまざまなIT製品が生み出される。メイはカスタマー・エクスペリエンス（CE）を担当するが、「CEスコア」「パーティシペーション・ランク」という2つの指標で人事評価される。CEスコアとは顧客がメイの対応に対してつけた点数であり、パーティシペーション・ランクとは、メイがどれだけ社内外の活動に参加しているか、ソーシャルであるかを示すランキングである。CEスコアは、ある意味「仕事」のパフォーマンスが評価されているということで、我々にとってもなじみがあるが、パーティシペーション・ランクの方は、まさに「活動」の評価である。

この小説が大変興味深いのは、サークル社が一見するとユートピア（理想郷）のように描かれていながらも、あまりにゆきすぎる透明性や、他人からの評価に過度に晒される生活が、いかにディストピアを生み出すかを見事に描き出していることである。活動社会イコール理想郷になるとは限らないこと、デジタル社会もその中身がどうなるかは人間次第というメッセージを同書は示している。

第2章

aaS（アズ・ア・サービス）化する産業

世界の2人に1人はサービス業に従事している

本章では、デジタル資本主義における産業構造の変化について議論する。図表2－1に、世界全体で広義のサービス業（第3次産業）に従事している人の比率を示しているが、1991年では35％だった比率が、2018年には49％へと拡大している。つまり世界全体でみると、働いている人の約半分は広義のサービス業に従事していることになる。これに大きく貢献しているのが中国やブラジルなどの新興国である。たとえば中国のサービス業就業者比率は1991年の33％から2018年の45％へと上昇し、ブラジルは同期間に60％から70％へと上昇している。

図表2-1　就業者のうちサービス業に従事している人の比率（世界全体）

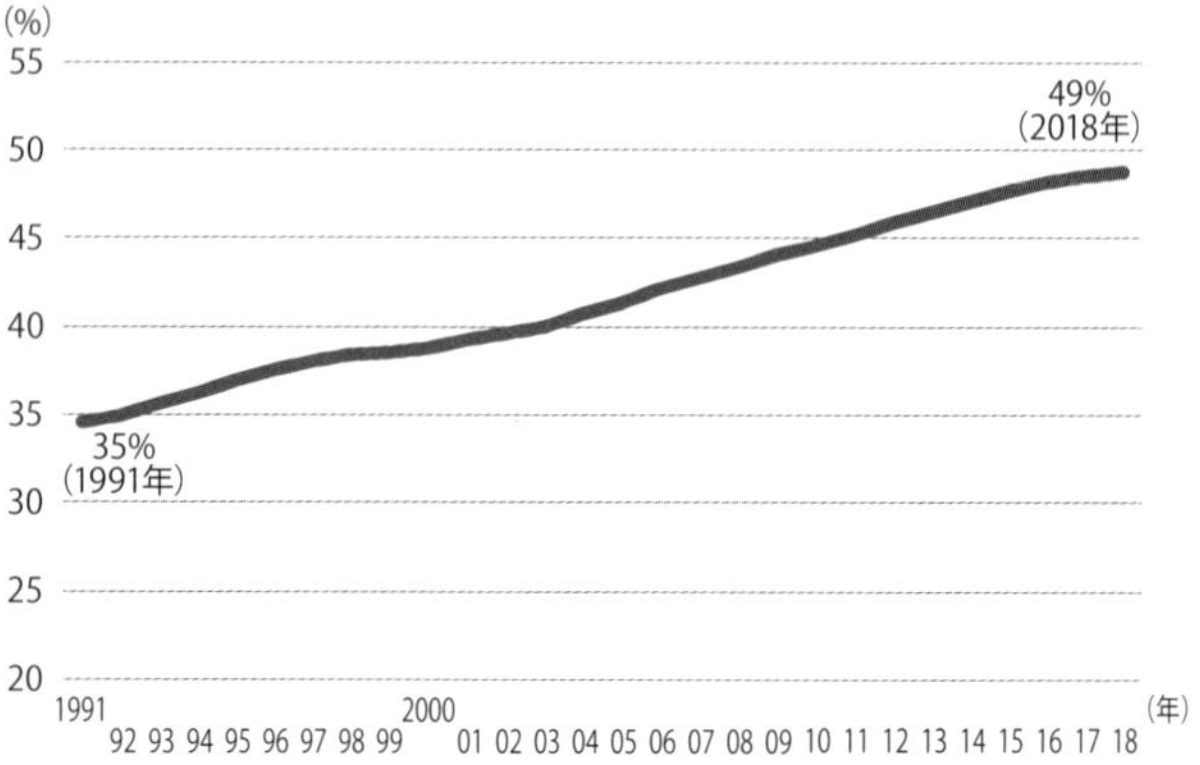

（出所）世界銀行よりNRI作成

日本のサービス化はさらに進んでいる。１９６０年から２０１５年にかけての日本の産業別就業者数の推移をみると、第３次産業の比率が大幅に拡大していることがわかる（図表２‐２）。１９６０年時点では４割弱だった第３次産業従事者は、２０１５年時点には7割を超えるようになった。日本の就業者の10人中７人が広義のサービス業に従事しているのである。

サービス・ドミナント・ロジック（ＳＤＬ）の登場

経済のサービス化という大きなうねりをうけて、２００４年にはバーゴとラッシュという２人の経営学者によってサービス・ドミナント・ロジック（ＳＤＬ）という概念が提唱された。財の生産を中心に経済をみるこれまでの世界観

図表2-2　日本の産業別就業者数（15歳以上）比率の推移

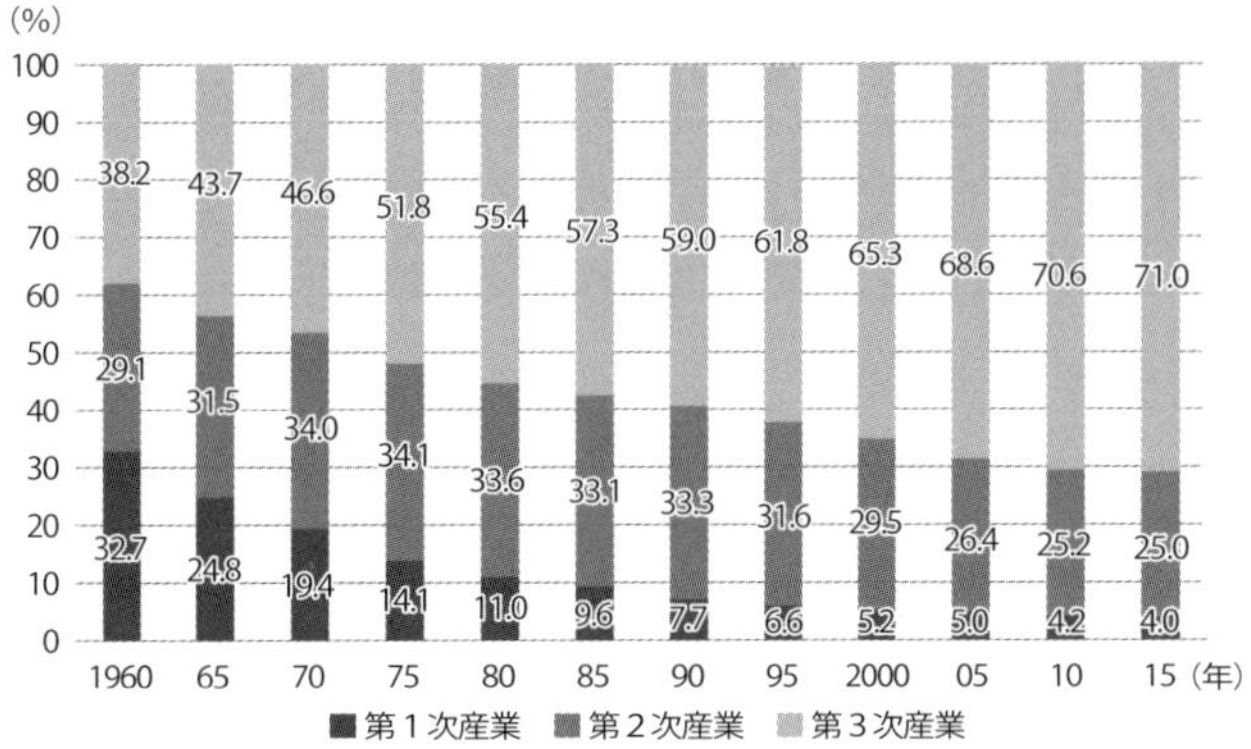

（出所）国勢調査よりNRI作成

をグッズ・ドミナント・ロジック（GDL）と名付けた上で、GDLのアンチテーゼとしてSDLが提唱されたのだが、SDLは我々が慣れ親しんでいる、財が支配的な世界観を完全に逆転させることを意図している。

SDLでは、サービスを経済・企業活動の中心に据え、財はそれを実現する手段のひとつとみなす。そのエッセンスは以下の4点に集約される（図表2-3）。

SDLでは、産業分類上、第1次産業、第2次産業に分類されているような業種であっても、それらはサービスの交換をしているとみなす。バーゴとラッシュは、漁師が獲得した魚と農家が収穫した穀物を交換する例を取り上げているが、この交換は「魚」「穀物」という財の交換ではなく、本質的には漁師と農家のスキル（魚を釣るスキルと穀物を育てるスキル）の交換と

図表2-3　サービス・ドミナント・ロジック（SDL）の4つのエッセンス

1	サービスが交換の根本的な基盤である
2	顧客は常に価値の共創者である
3	すべての経済的および社会的アクターは資源統合者である
4	価値は常に、受益者によって独自にかつ現象学的に決定される

（出所）R・F・ラッシュ、S・L・バーゴ『サービス・ドミナント・ロジックの発想と応用』（同文舘出版、2016年）よりNRI作成

いう意味でサービス交換である、という見方をとっている。[1] つまりスポットライトを財に当てるのではなく、人間に当てようとしている、という言い方もできるだろう。

第2に、顧客は価値を受け取る存在ではなく、価値の共創者という見方をとる。これはデジタル・プラットフォーム上のビジネスでも理解しやすい。ユーザーは受動的な存在ではなく、自身のデータを提供する、あるいはプラットフォーム上で製品・サービスのデザインにまで関与するなど能動的な主体となる。サービス提供者と顧客による価値の共創が行われているのだ。

第3に、SDLでは生産者、消費者という区分ではなく全ての登場人物を「アクター」と呼ぶ。これは第1章の最後に示したアーレントの3分類の「活動者（アクター）」と符合し興味深い。アクターは有形無形のさまざまな資源を統合する存在である。

SDLでは「資源」という言葉をかなり広くとらえている。鉱物資源、生産設備、金融資本のように、人間が働きかける静

的な資源を「オペランド資源」と呼び、人間のスキルなど、それらのオペランド資源に働きかけるものを「オペラント資源」と呼んでいる（オペランドは作用されるもの、オペラントは作用するものという意味がある）。

ちなみに本書ではこの様式には従っておらず、「資源」「ケイパビリティ（潜在能力）」という表現を用いている。鉱物資源、生産設備、金融資本は「資源」で、それに働きかけるもの、つまりバーゴとラッシュがオペラント資源と呼んでいるものを「ケイパビリティ（潜在能力）」と呼んでいる。

第4に、ＳＤＬではサービスの価値が主観的なもので、その場その時ごとに決まる、と考えている。ここでの価値は価格とは異なり、経済学でいうところの効用、すなわち利用者の満足度を意味している。たとえば1泊1万円で宿泊できる旅館があったとしよう。Ａ氏はこの旅館は2万円くらいの価値があると考えたのに対して、Ｂ氏は５０００円程度の価値しかない、と感じるかもしれない。その意味で価値は主観的であり、価格とは異なる存在である。この考え方は、第1章で示した支払意思額や消費者余剰と同じである。ちなみに今の例だと、Ａ氏は1万円の消費者余剰を得たのに対して、Ｂ氏の消費者余剰はマイナス５０００円となる。

ＭａａＳ（モビリティ・アズ・ア・サービス）

我々はデジタル技術が経済のサービス化を加速化させると考えている。そこで経済のサービス化とサービス・ドミナント・ロジックをまさに体現している例としてＭａａＳ（マース）を取り上げよう。これはモビリティ・アズ・ア・サービスの略称であり、フィンランドでそのコンセプトが生まれた。詳しくは第４章で解説するが、ＭａａＳを提唱したＭａａＳグローバル社は、ＭａａＳを以下のように定義している。

「全ての種類の移動手段を単一で直感的なモバイルアプリに集約する。異なる移動手段提供者からの選択肢をシームレスに組み合わせ、旅の計画から支払いまで全てを扱う。ＭａａＳは手間がかからず環境にも優しい自家用車保有の代替案となる。移動ルートの計画や駐車、車のメンテナンスなどの心配事を過去の遺物にしてしまうことで、これまで以上に移動を簡単かつ効率的なものにする(2)」。

つまり「移動」というサービスが主で、自動車、電車、自転車などの財はそれを実現する手段に過ぎない、という価値観がこの背後にある。図表2-4に従来までの自動車製造業とＭａａＳの違いをイメージとして表現した。

従来のグッズ・ドミナント・ロジック（ＧＤＬ）のもとでは、自動車という商品をどのくらい生産・供給できたかで経済が評価される。これは生産者の視点である。それに対して、サー

図表2-4　180度視点が異なる自動車製造業とMaaS

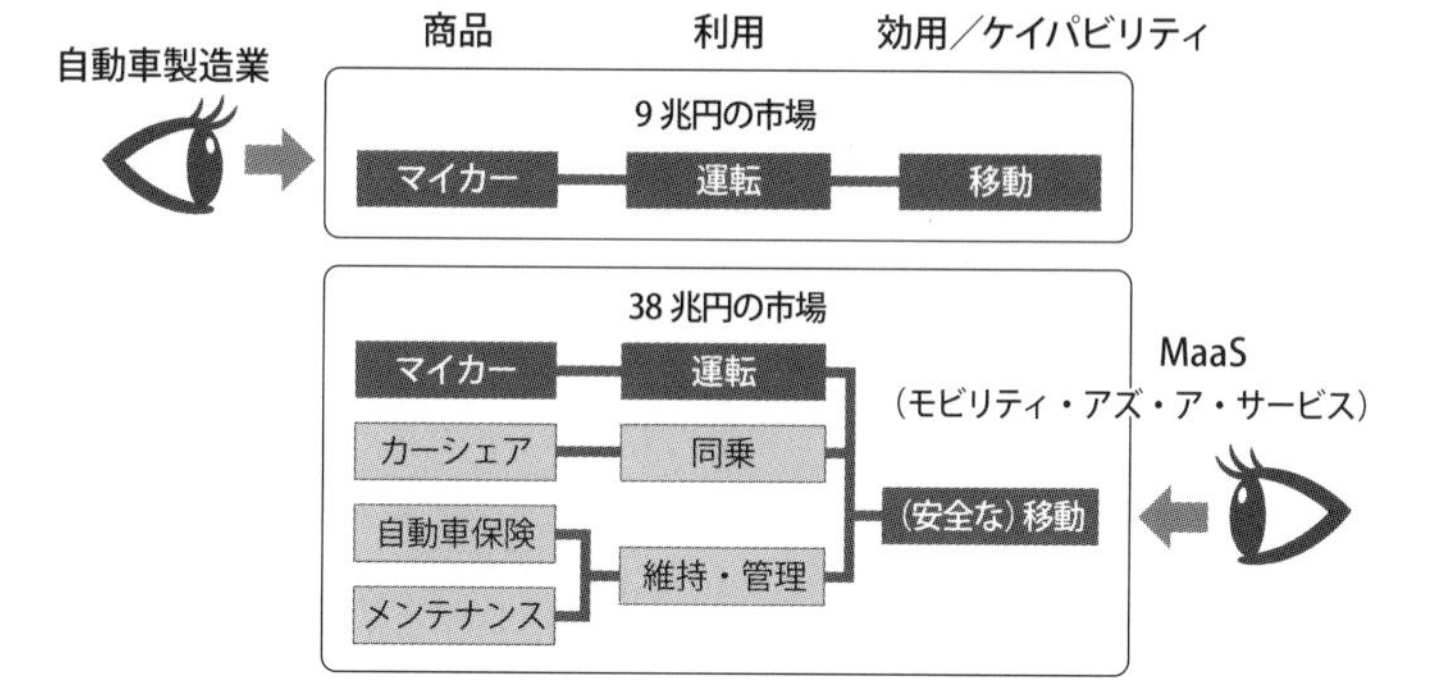

（注）家計調査の「交通」の支出額を参照。ガソリン代、駐車場代などは含まれていない。図中の数値は日本市場の規模。
（出所）NRI

ビス・ドミナント・ロジック（SDL）はユーザーの視点でものをみる。セオドア・レビットは、電動ドリルを購入するお客さんは、電動ドリル自身が欲しいのではなく、穴が欲しいのだ、と述べているけれども、[3] これをMaaSに当てはめてみれば、顧客は自動車が欲しいのではなく、移動というサービスを欲しているのだ、ということになるだろう。[4]

　MaaSのコンセプトをフィンランドの首都ヘルシンキで実現したのが、ウィムというサービスである。ウィムは環境への負荷を最小限にするという目的のもと、さまざまな移動手段に優先順位をつけている。環境負荷の低い徒歩、自転車から始まり、バス、電車、タクシー、ライドシェアリング・サービスなどの公共交通機関が続き、それらをまとめて利用・決済できるサービスを提供している。

ウィムの詳細については第4章で紹介するので、ここでは簡単に概要だけを述べたいと思う。ウィムにはいくつかの料金体系がある。毎月の利用料がゼロ、62ユーロ、249ユーロ、499ユーロのパッケージである。ゼロユーロのプランは、利用者が交通機関を利用した分の金額が毎回発生する。月額62ユーロのプランでは、公共交通機関は乗り放題になり、タクシーや自転車などの利用は上限が設けられる。そして499ユーロのプランでは、公共交通機関だけでなくタクシー、ライドシェアリング、自転車など全ての移動手段が乗り放題になる（2019年9月現在）。

2018年のウィムの活動内容をみると、月間アクティブユーザー数は1万3000人に、そして累計トリップ数は300万回に達した。ユーザープロファイルをみると、30代が24％で最も多いが、66歳以上の高齢者層を除けば満遍なく利用されている。そしてウィムの最大の特徴は、公共交通機関の利用を増やし、自家用車の利用を減らす効果があることだ。同じくウィム社の資料によれば、ヘルシンキ市民は平均すると1日1・6回公共交通機関を利用するのに対して、ウィムユーザーは、2・15回公共交通機関を利用する。またウィムによって、自転車やキックボードなどの新しい移動手段が提供され、それによって自家用車利用の最大38％を置き換えることが可能だとしている。[5]

ａａＳをリソースとケイパビリティの視点からみる

ａａＳ（アズ・ア・サービス）とは、何かしらの効用をサービスとして提供する、ということを意味していて、ＭａａＳの場合はそれが移動であった。効用からみたａａＳについては第3章以降で詳しく検討するが、本章ではもう1つの視点からａａＳを分析してみたいと思う。

それは先ほどＳＤＬのところで述べたリソース（資源）とケイパビリティ（能力）の視点である。どういうことか説明するために、ＭａａＳをこの2つの視点で分解してみよう。あなたの自宅から10キロメートル先に新しい大型ショッピングモールができたとする。あなたはそこに行ってみようと考える。徒歩、自転車、自家用車、バス、電車など移動手段の選択肢がありうるなかで、実は移動手段の選択肢だけでなく、その移動手段を利用できるかというケイパビリティの制約も受けることになる。

たとえばあなたの家には自動車という移動手段（リソース）があり、さらに自動車を運転する能力（ケイパビリティ）も持っている。それによって晴れてショッピングモールへの移動という目的を果たすことができる。つまり、両方揃って晴れて移動ができることになる。

リソースとケイパビリティは両方揃っている必要がある。自動車は持っているが運転できない（免許がない）、あるいは免許は持っていても自動車は持っていないとなると、移動という機能は発揮されないことになる。両方揃っていない人であれば、バスか電車利用を考えるかも

図表2-5　移動におけるリソース、ケイパビリティ、ファンクショニングの変化

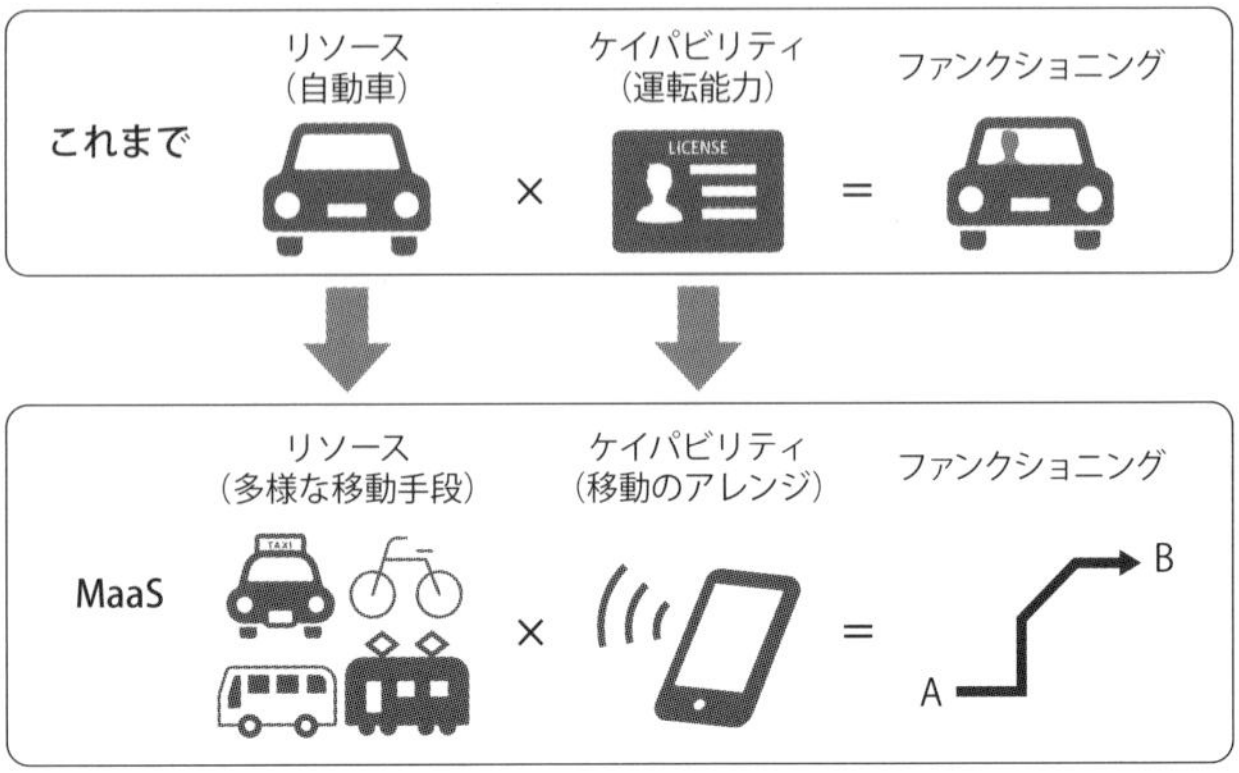

（出所）NRI

しれないが、家の近くにバス停も電車の駅もないかもしれない（リソース制約）。するとタクシーを呼んで目的地まで行くという選択肢も出てくるが、この場合は通常の移動手段よりも割高なお金が必要になってくるため、予算という別のリソース制約が発生する。

翻って、ＭａａＳが実現しようとしていることを同じフレームワークで分析するといくつかの特徴がみえてくる。ＭａａＳの１つ目の特徴はリソース制約の緩和である。移動手段を所有している必要がないこと、多くの選択肢（移動手段）を提供してくれること、必ずしも高いお金を払わずとも移動できる可能性を提供してくれることである。

２つ目の特徴はデジタル技術による利用者のケイパビリティ制約の緩和である。たとえば、自動車の運転免許証を返納した高齢者は、移動

能力が大幅に低下しがちなのに対して、スマートフォン上のアプリの操作さえできれば、自分の行きたいところに容易かつ安価に移動する能力をＭａａＳは提供してくれる。

ただしケイパビリティへの影響には注意が必要である。ＭａａＳが浸透するほど、自動車免許を持っている必要性は下がるし、自転車にすら乗れなくても良い。さらにいえば、ほとんど自力で歩かなくても、スマホを指で操作するだけで移動という目的が容易に達成されるのだとしたら、人間が本来持っていた身体能力はかなり退化してしまう恐れがある。デジタル技術の助けを借りた「拡張ケイパビリティ」は向上したとしても、その人自身のケイパビリティは低下する恐れがある。

デジタル技術によって「拡張ケイパビリティ」は向上したが、人間本来が持つケイパビリティは低下してしまったという例がある。カナダ北部のイグルーリク島に住むイヌイットは、近年ＧＰＳレシーバーとスノーモービルを使って狩猟するようになったのだが、これらの最新機器によって、長く厳しい修業期間を短縮し、以前は狩猟ができない荒天日でも狩猟が可能になった。しかしＧＰＳデバイスが普及するに従って、イヌイットが本来持っていた「風、雪、動物の行動、星、潮、海流についての深い理解」が失われ、狩りの最中の深刻な事故が増えるようになったとのことである[6]。

このようにケイパビリティへの影響については注意が必要だが、経済のａａＳ化を理解するためには、顧客が得られる効用の視点に加えて、リソース制約やケイパビリティへの影響も考慮する必要がある。リソース制約が緩和されるということは、「持たざる生活」が可能となる、つまり社会に存在するリソースを効率的に利用することで、地球環境に負荷をかけない生活が営めるということでもある。ケイパビリティについては、前述のイヌイットのようなケースはあるとしても、高齢者のようにケイパビリティ（たとえば移動能力）が低下しつつある人々の「拡張ケイパビリティ」が向上することで、生活の質の向上につながる、といったことが期待できる。

経済を支出面からみる

それでは産業のａａＳ化は具体的にどのような姿になるのだろうか。ＭａａＳ以外にどのようなａａＳがこれから生まれてくるのだろうか。第1章では消費者余剰の存在感の高まりについて議論したけれども、ａａＳ化された未来の産業像のヒントは消費、あるいは支出面から経済をみることにある。

マクロ経済学には「三面等価の原則」と呼ばれるものがあり、ある国の経済活動は、生産面、支出面、分配面の三面からみて等価でなければならない、という考えがある。[7] そのため世界各国が従っている国民経済計算のルールでは、産業別の生産額（付加価値額）を積み上げたＧＤＰ（国内総生産）、それを支出面から分解したＧＤＥ（国内総支出）、そして分配面から

図表2-6　三面等価の原則

生み出された経済的な付加価値は、「生産」「支出」「分配」の、どの面からみても等価

みたＧＤＩ（国内総所得）もしくはより一般的にはＮＩ（国民所得）が公式統計として公開されている（図表２−６）。

国内総支出は、消費＋投資＋政府支出＋輸出−輸入、という５つの項目の合計からなる。その中でも50％以上を占める項目が家計消費支出である。そこで、家計消費支出の統計である家計調査とこれまでの産業分類を比較しながら、デジタル資本主義における産業のａａＳ化についてそのヒントを探りたいと思う。

まず現在用いられている産業分類を確認してみよう。図表２−７に示しているように、現在の統計で使われている一般的な産業分類は、農林水産業から鉱業、製造業……というように「何が生産されたのか」をもとに分類されている。

サービス業という分類もあるが、基本的には前述したＧＤＬ（グッズ・ドミナント・ロジック）に従った分類である。産業という言葉自体にも「何を産み出したのか」という意味合いが含まれている。[8] つまり生産者の視点で業種が分類されたものを産業分類と呼んでいるのであって、産業分類に従うと冷蔵庫は

図表2−7　生産者の視点からみた産業分類

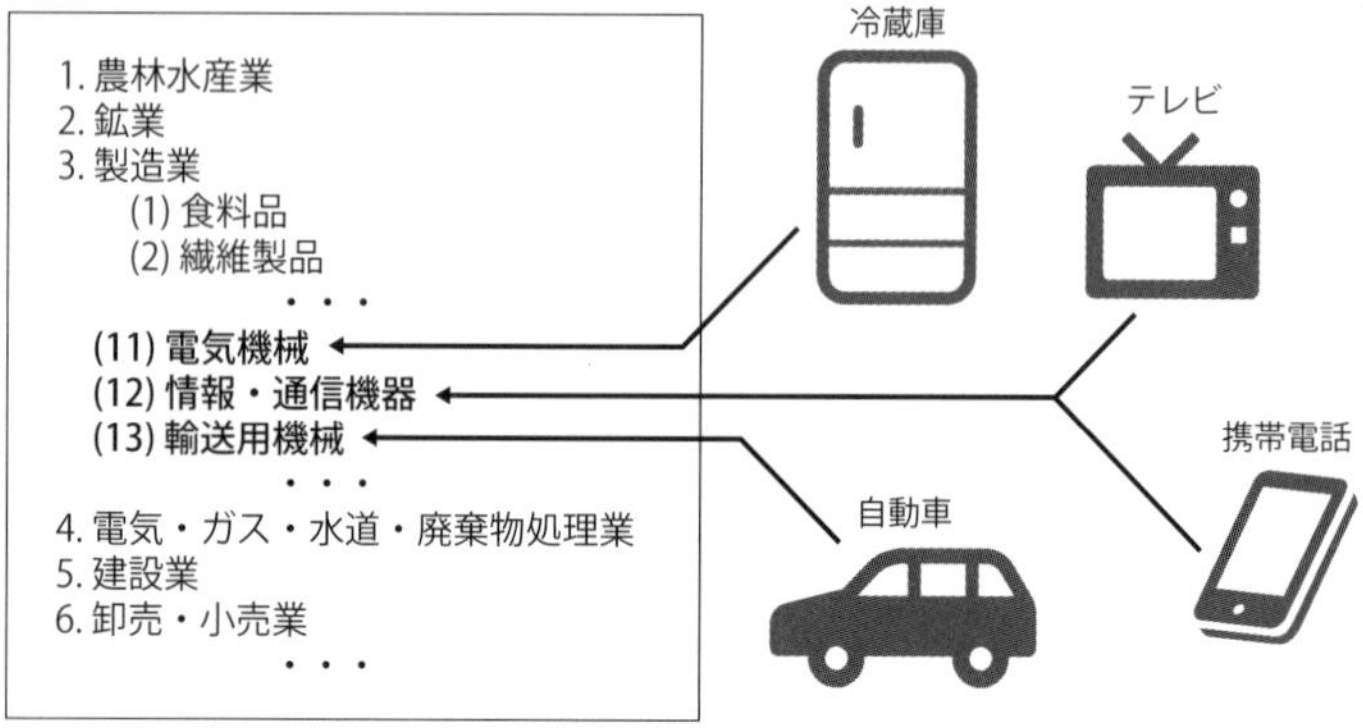

（注）産業区分：内閣府「2016年度国民経済計算」。
（出所）NRI

電気機械に該当し、テレビや携帯電話は情報・通信機器、自動車は輸送用機械に分類される。そしてこれら全てが製造業に属していることになる。

次に視点を生活者に移してみよう。図表2−8で家計最終消費支出の分類を示している。一見するとこちらの表も製品・サービスごとの分類であるかのように見えるが、ここでは「何を生産したのか」ではなく、生活者に対して「どんな便益／効用を提供しているのか」という視点で分類が行われている。先ほど同じ製造業に属していた冷蔵庫、テレビ、携帯電話、自動車がここではまったく別のカテゴリーに属している。

興味深いのは、「7．交通」である。ここには、我々が移動に関連して支払う諸々の費用が含まれている。たとえば通勤定期費用、自動車購入費用、タクシー、自動車メンテナンス費用、

図表2-8　生活者の視点：家計最終消費支出の分類

GDE＝ 民間最終消費支出 ＋政府最終消費支出＋総資本形成＋輸出－輸入

【国内家計最終消費支出の分類】

分類	具体例
1. 食料・非アルコール	食料、非アルコール飲料
2. アルコール飲料・たばこ	アルコール飲料、たばこ
3. 被服・履物	洋服、生地、被服関連サービス
4. 住居・電気・ガス・水道	家賃、修繕費、住設機器、光熱水道費
5. 家具・家庭用機器・家事サービス	家電製品、家具、家事サービス
6. 保健・医療	医薬品、医療サービス
7. 交通	交通、自動車購入・維持、自動車保険
8. 通信	通信サービス、通信機器
9. 娯楽・レジャー・文化	テレビ、ゲーム、書籍、娯楽サービス
10. 教育	授業料、参考書、補習授業
11. 外食・宿泊	外食、宿泊
12. その他	理美容、交際費

（注）分類：内閣府経済社会総合研究所「国民経済計算年次推計」。
（出所）NRI

自動車保険などが含まれていて、これは前述したMaaSの概念に極めて近い。aaS化する産業の大きなヒントがここに隠されているのだ。

産業分類を溶解するデータ

MaaSの登場は、これまでの生産者目線の産業が生活者目線で再編されてaaS（アズ・ア・サービス）化した象徴例である。そこでは自動車製造業や、バス、鉄道、タクシーなどの旅客輸送業、自動車保険業、保守業などのさまざまな業種が溶け合って「移動」という効用を提供している。これまでの産業分類が製品という「固体」を中心に構成されていたとするならば、経済のaaS化とは、あたかもそれらの固体が溶け出して「液体」になり、キャンバス上で混ざり合ってさまざまな色（aaS）を生み出す現象だといえるのかもしれない。

産業分類を溶かしているものは何か。それはビッグデータである。アマゾンの元チーフ・サイエンティストであるアンドレアス・ワイガンドは、経済システムのなかでデータ量が増えていくのはあたかも物理システムにおいて熱量が増えていくようなものだと述べているけれども、(9)指数関数的に増加しているデータが熱源になって、固体だった産業分類を溶かしているのである。たとえるなら、バーナーから大量のデータ（火）が産業分類に吹き付けられ、溶け出した産業分類が効用の種類ごとに混ぜ合わされているようなイメージであろう。

そう考えると、ａａＳの「固定的な」分類を考えるのは難しいことになる。なぜならａａＳとは液体のようなもので流動的な存在だからである。データ量がさらに増えていくと、熱量が増えてａａＳは気体のような存在になってしまう可能性すらある。しかし「気体のようなａａＳ」こそが究極のａａＳ像なのだろう。つまり顧客が意識していなくともサービスが常時提供される、サービスが空気のような存在になるイメージである。

どのようなａａＳがこれから登場するのか

つまりａａＳとは流動的な存在であって、分類という固定的な概念がそぐわないのだが、今後どのようなａａＳが登場しそうかを考えることには意味があるだろう。つまりＳａａＳ（ソ

図表2-9　産業のaaS化と想定される業種分類の例示

従来の産業 ⇨ aaS

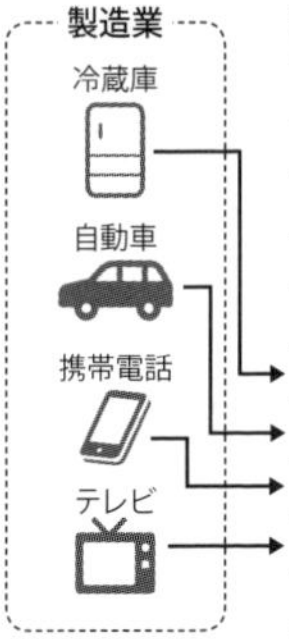

分類	効用	想定される業種形態	
食料	栄養補給	NaaS	Nutrition as a Service
保健・医療	健康維持・回復	HaaS	Healthcare as a Service
被服・履物	着心地・ファッション	FaaS	Fashion as a Service
理美容	理美容	BaaS	Beauty as a Service
住居・光熱水道	住みやすさ	LaaS	Livability as a Service
家具・家事用品	家事の負担軽減	HaaS	Housekeeping as a Service
交通	移動	MaaS	Mobility as a Service
通信	交流・会話	CaaS	Communication as a Service
娯楽・文化	余暇	LaaS	Leisure as a Service
教育	学び	LaaS	Learning as a Service

（注）国民経済計算年次推計をもとにしたNRI独自の分類で、B2Hを対象としており、B2Bは含まない。
（出所）NRI

フトウェア・アズ・ア・サービス）やMaaS（モビリティ・アズ・ア・サービス）以外にどんなaaSがこれから出てくる可能性があるのか、ということである。

まずサービスをだれに提供するのか、という区分に注目する。すなわち相手が人間なのか法人なのか機械なのかという区分である。これをB2H（人間向けビジネス）、B2B（法人向けビジネス）[10]、B2M（機械向けビジネス）と呼ぼう。B2Mとは機械に対する直接的なサービス提供で、例としては自動運転車に対する遠隔のメンテナンスやアップグレードサービスが挙げられる。機械にも法人格のようなものを与える必要があるのではないか、という議論が始まっているため別としている[11]。

3章以降ではすべての区分について議論しているが、ここではB2Hに焦点を絞って、先ほどの家計消費支出の項目を参考に、今後登場するかもしれない新たなａａＳの可能性について考えてみたのが図表２‐９である。

「意味の場」としてのａａＳ

図表２‐９で示した10のａａＳは液体的なもので境界も曖昧である。これら以外の領域も多数ありそうだし、栄養（ＮａａＳ）と健康（ＨａａＳ）のように目的が似通っているところも多い。あくまで家計消費支出の分類を参考にすると、こういうａａＳが考えられるのではないか、という例示としてご理解いただきたい。しかしこのような曖昧さ、自由度の高さこそがａａＳの特徴である。つまり理論的には企業はどんなａａＳ企業にでもなれるということだが、同じ産業分類に属している企業は似たようなａａＳを提供する可能性が高い。このあたりの方向性と事例は次章以降で改めて紹介していきたいと思う。

ａａＳという概念は、客観的な統計を作成する人にとっては扱いにくい存在である。しかし自社ビジネスのＤＸ（デジタル・トランスフォーメーション）を検討している企業経営者にとっては、重要な思考実験の機会を与えてくれる。どういうことかというと、自社のａａＳ化を考えるということは、自社が顧客に提供したい「真の意味での」効用は何かを考えよ、という問いをつきつけているのである。

ここで示したａａＳ分類は、科学的な分類ではなく、哲学者マルクス・ガブリエルが存在論のベースとしている「意味の場」だという言い方もできる。哲学書としては異例の大ヒット書となった『なぜ世界は存在しないのか』の中で、ガブリエルは「意味の場は曖昧であったり、多彩であったり、相対的に規定不足であったりすることがある。……（中略）……意味の場とは、特定の対象が何らかの特定の仕方で現象してくる領域[12]」であると述べているが、曖昧さ、規定不足を悪いこととみなしてはいない。論理学では、対象とする領域を数学的に記述できる加算的な集合とみなすけれども、芸術作品や人間の複雑な感情のようにそれが当てはまらない領域もある。つまり「意味の場」は論理学が対象とする領域よりも広く、同じモノであっても異なる「意味の場」に現象することでそれぞれが別個に存在することが可能になる、というのがガブリエルの存在論である。

たとえばピザは、栄養補給という「意味の場」に現れることもあるだろうし、宅配サービスを使ったのであれば、家事の手間軽減という「意味の場」に現れ、知人・友人とのパーティに出されたのであれば、遊興という「意味の場」に現れることができるのだ。これまでの産業分類が企業をカタにはめ込むものだったのに対して、ａａＳはむしろ企業の足かせを外して自由に思考することを許してくれる。自社製品・サービスに関して、無数の「意味の場」の可能性を示しているのである。

領域別にみた消費者余剰

前述した10分類を起点に議論を進めてみよう。先ほどの10分類は家計調査を参考にしているため、実際の消費支出額のデータを使った分析ができる。たとえば２０１６年度における日本人の食料支出額（飲料、外食含める）は63・９兆円である。この63・９兆円はスーパーや食品メーカーの収益になったという意味で生産者余剰だが、消費者余剰、つまり主観的なお得感を生み出しているのだろうか。

この疑問にこたえるべく、簡易な手法を用いて消費者余剰を領域別に試算したのが図表２−10である。[13] これによれば10領域での支出総額２５９兆円に対して、２０１６年度に生み出された消費者余剰の金額換算値（合計）は19・４兆円となり、支出額の７％の規模となった。消費者余剰の規模でみると、通信（ＣａａＳ）が４・１兆円、娯楽・文化（ＬａａＳ）が３・６兆円、家具・家事用品（ＨａａＳ）が３・３兆円と大きい。支出金額（＝生産者余剰）との比較感でいうと、通信（ＣａａＳ）の38％、家具・家事用品（ＨａａＳ）の24％、教育（ＬａａＳ）の21％が突出している。つまりこれらの領域で、日本の生活者は大きな「お得感」を感じているといえるのだが、これらは共通してデジタル化が進んでいる分野だといえなくもないだろう。

通信分野では、情報機器の性能向上やサービスの多様化などが生活者の支払意思額を押し上げることで消費者余剰を生み出し、家具・家事用品では、白物家電に代表されるように、価格

図表2-10　日本の分野別消費支出額（2016年度）と消費者余剰試算値

分類		支出金額（①）（兆円）	消費者余剰（②）（兆円）	比率（②/①）（%）
1. 食料	(NaaS)	63.9	1.9	3
2. 保健・医療	(HaaS)	11.0	0.6	6
3. 被服・履物	(FaaS)	9.6	1.1	12
4. 理美容	(BaaS)	7.5	0.5	7
5. 住居・光熱水道	(LaaS)	76.8	0.6	1
6. 家具・家事用品	(HaaS)	13.7	3.3	24
7. 交通	(MaaS)	29.8	2.2	7
8. 通信	(CaaS)	11.0	4.1	38
9. 娯楽・文化	(LaaS)	29.6	3.6	12
10. 教育	(LaaS)	6.2	1.3	21
合計		259.1	19.4	7

（注）外食は「食料」、宿泊は「娯楽・文化」に含めた。「理美容」は家計調査を用いて支出金額を推計。
（出所）家計消費支出：内閣府経済社会総合研究所「国民経済計算年次推計」より作成（実質値、2003年基準）。消費者余剰は、2000年度と2016年度の項目別支出比率とGDPデフレーターよりTörnqvist Indexを計算して推計

の大きな下落が消費者余剰を生み出している。

また教育については、インターネットを通じて無料で受講できるMOOCs（大規模オープンオンライン講座）やユーチューブ等での学習動画利用が消費者余剰の拡大に寄与しているとみている。対して食料（NaaS）は1・9兆円の消費者余剰を生み出しているが、支出額と比較すると3％程度とかなり低くお得感は小さいといえるだろう。

次に、10分野について、消費者余剰の大きさを横軸に、実際の支出金額に対する消費者余剰の比率を縦軸に図示した（図表2-11）。第1章で述べたように、デジタル化が消費者余剰の拡大現象として表れているとしたら、この図の右上にある分野ほどデジタル化が進んでいるとみることができる。実際、通信（スマートフォン）、家具・家事用品（家電製品）、娯楽・文化

図表2-11　10分野別にみた消費者余剰と対支出金額比率

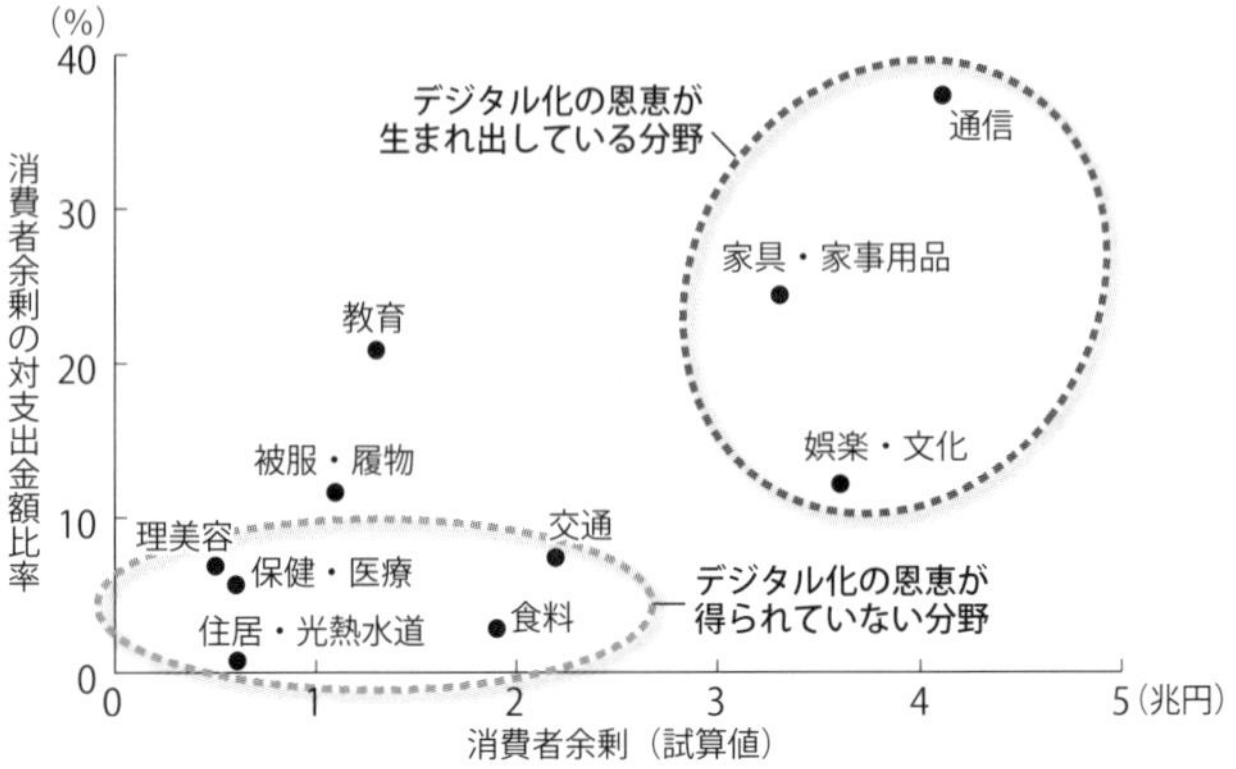

（出所）NRI

（デジタル動画・音楽配信）はデジタル化が明らかに先行している分野だといえよう。右上の分野は、企業目線でいえば、デジタル・ディスラプション（デジタルによる業界破壊）が起きていることになるが、生活者目線でいうと、大きな消費者余剰を生み出しているという意味で、デジタル化の恩恵が大きい分野ということになる。

他方、左下の分野はデジタル化の影響がまだ小さく、生活者からすればデジタルの恩恵が小さい分野だといえる。裏返せば、これらの分野のデジタル化の余地は大きいという見方も可能で、デジタル技術を駆使して大きな消費者余剰を生み出すａａＳを構築できれば、そのサービスは大きな競争優位性を生み出したことになる。企業がａａＳ化を通じてどう競争優位性を獲得すべきかについては、次章以降で具体的にみていきたいと思う。

価値創出と価値獲得

第2章では、デジタル化の進展に伴って産業がａａＳ化していくであろうことを示した。ａａＳとは、生産者ではなく顧客の視点から経済をみることを意味していて、顧客のリソース制約やケイパビリティ制約を緩和しながら、消費者余剰（効用）を高めようとする。そして顧客のどんな効用を高めるかによって、さまざまなａａＳ領域が考えられることを示した。次章からは企業戦略に視点を移して議論を深めていくが、そこでたびたび登場する「価値創出」「価値獲得」の概念について事前に紹介しておきたいと思う。

第1章で示した生産者余剰、消費者余剰の概念を思い出していただきたい。これは経済学で用いられるフレームであるが、経営学、特に企業戦略論では、価値創出（バリュー・クリエイション）と価値獲得（バリュー・キャプチャー）という概念が用いられる。価値創出とは、図表2–12でいえば顧客の支払意思額とコストの差であり、生産者余剰と消費者余剰の和である。それに対して価値獲得とは生産者余剰の部分、つまりマネタイズできた（お金を獲得できた）部分である。先ほど示した図表2–10の計算結果を使うと、食料品の価値創出額は65・8兆円（＝63・9＋1・9）だったのに対して、価値獲得額は63・9兆円となる。

図表2-12　価値創出と価値獲得

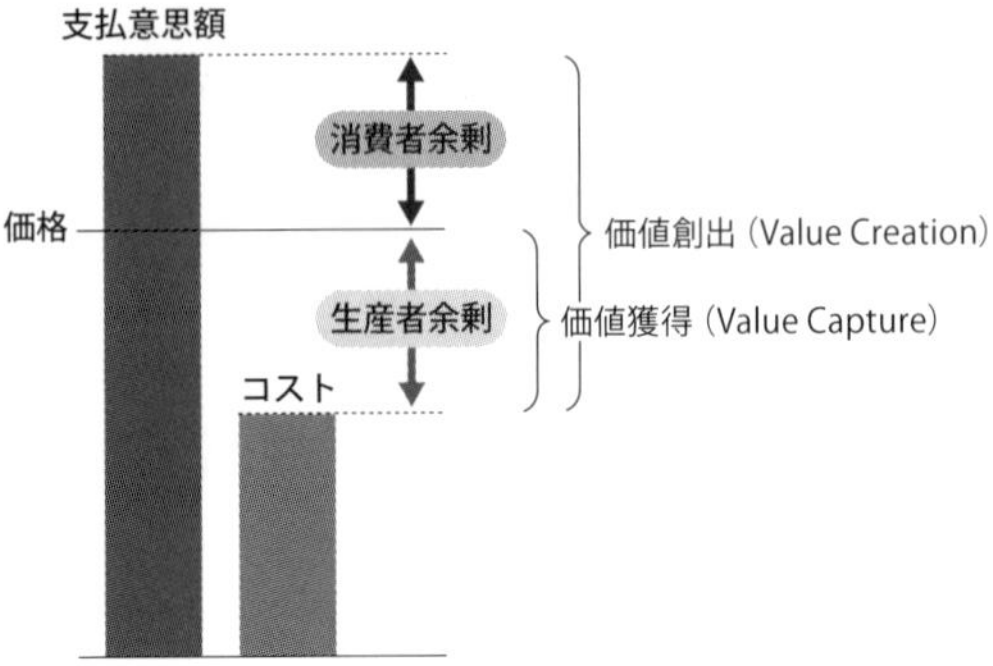

（出所）NRI

食料品の例では、価値創出した分のうち97%が価値獲得されている（金銭化されている）ことになる。企業経営では獲得された利潤だけに注目しがちであるが、価値創出にも注目すべきである。自社のサービスは顧客に対してどのくらいの価値を創出できているのか、言い換えれば顧客の支払意思額はどのくらいで、そのうちどのくらいを成功裏に金銭化（獲得）できているのか、という両方の視点である。

価値獲得は値付けの方法論という見方もできる。「固体」としての工業製品は製造原価を根拠に値付けをしてきたが、「液体」あるいは「気体」化したａａＳにはどんな値付けの方法がありうるのだろうか。梅棹忠夫は、情報商品の値付けはお布施のようになるだろうと1960年代に述べ[14]、ケヴィン・ケリーはデジタル時代に人々がお金を払うパターンのひとつとして「支援者（投げ銭）」を挙げている。[15] デジタルサービスを提供する企業の多くが値付けに苦労していて、投げ銭やお布施ではない、客観的な根拠のある値付けの方法を模索しているが、その答えはまだ出ていない。そこで次章以降では、デジタルを活用した企業の価値創出、価値獲得の方法論について議論を進めていきたいと思う。

第3章 SaaSのトレンドにみるaaS化の最先端

aaSの起源であるSaaS

aaS（アズ・ア・サービス）という言葉が初めて用いられたのは、インターネットの普及に伴い2000年代半ばに登場したSaaS（サース：ソフトウェア・アズ・ア・サービス）である。それまで、ソフトウェアを利用する場合は、パッケージソフトウェアを購入して、自らのコンピュータにインストールをして利用するか、ソフトウェアやシステムを自分で開発し、最終的には自らの資産として保有し利用するというのが一般的であった。

それに対してSaaSのビジネスモデルでは、利用者がソフトウェア資産を持つことなく、インターネットを通じて提供者が保有するサーバー（クラウド）にログインし、サービスを利用する。利用者は、利用人数やサービスの種類などに応じて利用した分だけの支払いをするというビジネスモデルである。つまり、ソフトウェアを利用した分だけ支払いをすれば良く、柔軟にサービスを利用できる、費用を変動費化できるというメリットが利用者にあった。こういったサービスを提供した代表的な企業は、CRM（顧客関係性マネジメント）の仕組みを提供しているセールスフォース・ドットコムや、経理の仕組みを提供し、のちにSAPに買収されたコンカー・テクノロジーズなどである。今や、世界でSaaSの数は莫大に増えており、日本でも数千にわたるサービスがあるといわれている。[1] 特に企業向けのSaaSが多数登場しており、たとえばベンチャー企業を立ち上げようとした場合、会計であればフリー、人事の基盤はワークデイ、ナレッジ共有はボックス、営業支援はセールスフォース、マーケティング機能はマルケトを利用するといったように、SaaSを活用することで会社としての機能はすぐに整ってしまうようになっている。

ソフトウェア資産の変動費化にとどまらない

一方で、SaaSと聞くと、もう10年も前の少し古い言葉のように聞こえるという方がいるかもしれない。しかし現在のSaaSは前述のような資産の変動費化以上のものを提供し始めており、このことが、SaaSのさらなる普及を加速させる原動力となっている。

ＳａａＳの変化は大きく2点に集約される。ひとつは、カスタマーサクセスというキーワードで、サービスの利用者に対して受動的にサポートサービスを提供するだけでなく、利用者の成功、すなわち、本来サービスを利用することによって得る効用にまで踏み込んで、プロアクティブに顧客に対して提案活動を実施する。利用状況を把握し科学的に効用を推測することで、これを実現している。

もうひとつは、さまざまなＳａａＳが登場し、それらがお互いに自律的に連携しながらサービスを提供し始めていることである。ＳａａＳの数は今や爆発的に増加していて、それらを俯瞰するために「カオス（混沌）マップ」と呼ばれるものがつくられるようになっている。そして、それらがＡＰＩ（アプリケーション・プログラミング・インターフェース）をそれぞれ開放することでお互いにつながっている。これらは「ＡＰＩエコノミー」や「ＳａａＳのプラットフォーム化」などさまざまな呼び方をされているが、それぞれのサービスが連携している結果、利用シーンの全てでスを個別に受けるのではなく、それぞれのサービスが連携している結果、ＳａａＳの利用者からすると、サービスを個別に受けるのではなく、利用シーンの全てで途切れることなくサービス利用できるようになっているのである。

最重要キーワード：カスタマーサクセス

これまでは、あるソフトウェアを購入した場合、償却するまでの一定期間はそれを利用せざるをえなかった。他方、ＳａａＳのビジネスモデルでは、顧客は利用するサービスをいつでも容易に解約（チャーン）して他社に乗り換えることができる。これは、利用者と提供者の関係性の大きな変化である。サービスの提供者は、常に解約をされないように、顧客との良好な関係を構築していかなければいけない。逆に顧客との関係が良好であれば、自社サービスをアップセル（価格の高い上位サービスを販売）することも可能になる。

カスタマーサクセスは、これまでのカスタマーサポートという言葉と対比して用いられている。一般的にいえば、カスタマーサポートとは、売り切ってしまった製品に不便が生じ、顧客から問い合わせがあった場合に受動的にサポートをすることを指す。他方、カスタマーサクセスというのは、顧客に解約をされないように、そして顧客と良好な関係を構築するための積極的・能動的な活動を指す。そのために、サービス提供者が常に把握しなければいけないのが、自社のサービスを顧客が有効に活用しているのか、自社のサービスが効用を生んでいるのか、ということである。だからこそ、カスタマー（顧客）のサクセス（成功）という言葉が使われるようになった。[2]

顧客の効用や目指すゴールをつかむこと

顧客の効用を測ってサービスを提供するということの例を挙げよう。企業の中で用いられるナレッジマネジメントのＳａａＳを例にとる。企業の中に埋もれているさまざまな資料を、その内容や文章から検索することが可能で、すぐに自分のパソコンにダウンロードできる、というサービスを想像してほしい。

導入当初は、資料を検索しても正しい資料が検出されない、新しいユーザーを追加したいのだがうまく追加できない、といったサポート依頼の連絡が頻繁に来ていた。しばらく経つとそういった連絡も来なくなったので一安心していたのだが、ある日突然解約の連絡が来てしまった、という状況である。

ではそのような状況を回避するために、ユーザーの利用状況を逐一把握すれば良いのかというとそれも簡単ではない。利用データをみると、検索回数は大きく変化していないので特に問題はなかったという結論になるかもしれない。しかし実際は、特定の部署の特定の社員しか検索しておらず、その社員もそこまで検索する必要はないと判断し、費用の見直しの際に解約に至ったということもありうる。

そもそも、この企業がなぜナレッジマネジメントのＳａａＳを導入しようとしたのか。資料の検索や共有を通して、新しいアイデアを企業全体で創出したいがために導入したのかもしれない。それであれば、利用しているユーザーの数や部署ごとのばらつき、そもそも、共有されようとしていた資料の種類といったデータこそ把握すべきであっただろう。もしくは、社員の資料作成時間を短縮して、働き方改革を実現することが目的だったのかもしれない。そうであれば、資料作成で実際どのくらい時間が減っているのかというデータもどこかで把握すべきであった。カスタマーサクセスを実現するためには、顧客の目指すゴールに関する情報を事前に入手した上で、サービス提供者から能動的に働きかけて活用方法を一緒に検討すべきである。

これらのことは当たり前に聞こえるかもしれないが、実際のサービス提供の現場でそれを徹底することは簡単ではない。すでにサービスを契約してもらっている。こちらからみるとあまり利用されていないが、とにかくサービスの利用は継続している。変にこちらからコンタクトすると、いろいろなクレームを受けるかもしれないし、場合によっては、必要ないということに気付いて解約されてしまうかもしれない。あえて寝た子を起こす必要はない、という会話を企業で聞くこともある。しかし、カスタマーサクセスはこれとはまったく逆の発想である。寝た子をあえて起こしにいく活動こそが、カスタマーサクセスの活動である。

価値獲得の単位がモノから利用、そして効用へ進化

ソフトウェアの取引形態が、資産の所有権をその対価（金銭）と交換するという形態から、資産の利用権が提供される形に変化した。これがＳａａＳ登場の初期段階である。その後ＳａａＳは進化し、そのソフトウェアを利用することでどのような効用（サクセス）があるのかを把握し、顧客と約束をした上でサービス提供する形に変化している。顧客に提供する価値

が、モノとしての「交換価値」から利用するための「利用価値」へシフトし、現在は「効用」そのものに変わってきている。セールスフォース・ドットコムでは、2000年代初頭から、「ソフトウェアではなくサクセスを（Success Not Software）」というキャンペーンが行われていたという。(3)

モノから利用、そして効用への移行についてもう少し理解を深めるために、英語学習を例にとってみよう。英語学習における交換とは、たとえば英語教材を1万円支払って購入するような行為である。それに対して、英語学習における利用とは、1時間5000円の英語講座を利用回数に従って支払うイメージである。そして英語学習における効用とは、この人が達成したいと思っている目標があって、そこへの達成度に従ってお金を支払うイメージである。

アナリティクスによる科学的な顧客理解

SaaSでは顧客のサービス利用状況が詳細に把握できる。このことはさまざまな形で利用者に対する理解を促進するだけでなく、その利用者が将来も効果的にサービスを利用してくれるかどうかを予測することも可能にしている。たとえば、各利用者の利用継続期間がわかり、また、それぞれの利用者の利用パターンがわかれば、この2つの関係を学習することで、利用者の利用パターンごとに、利用継続期間をある程度予測することが可能になる。利用継続期間

図表3-1　価値獲得の3つの視点

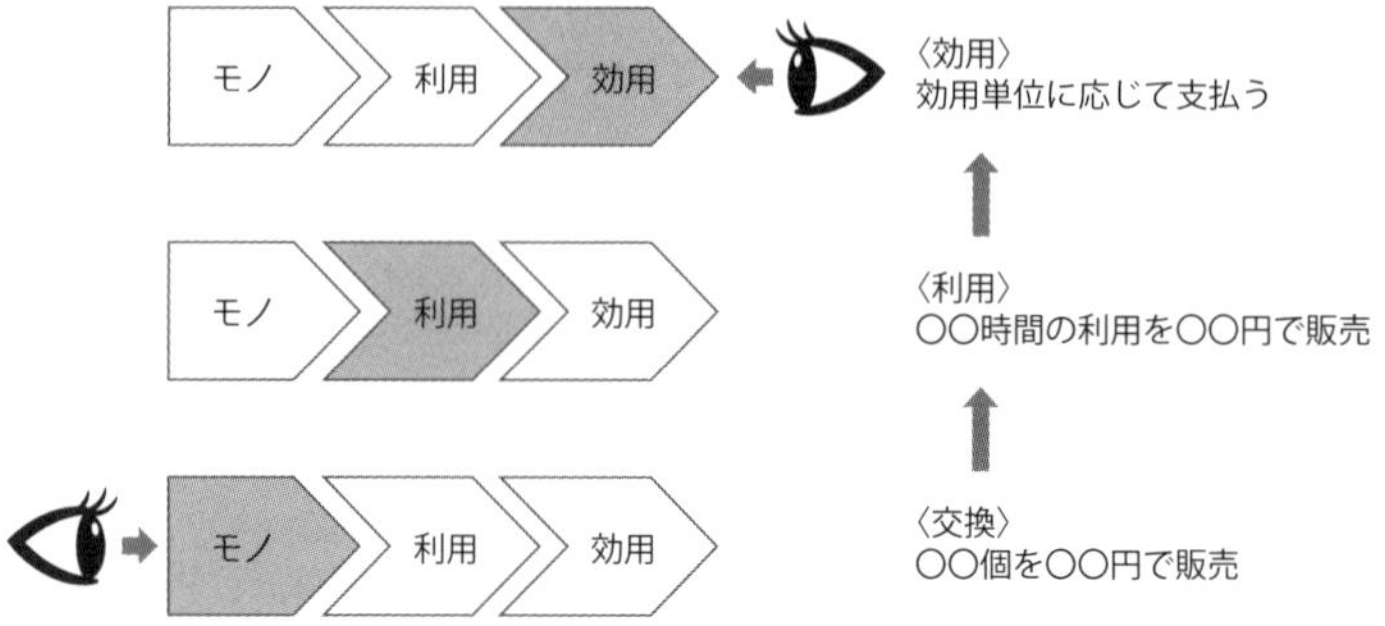

（出所）NRI

だけでなく、その利用者の満足度といった指標も獲得できていれば、これも予測できる可能性がある。さらに、満足度だけでなく、利用者の効用を表す指標が獲得できていれば、利用パターンさえ把握することで、このサービスが利用者にどのような効用をもたらすのかを予測することもできる。このような、成果（目的）と利用パターン（説明）の間の関係性のモデルをつくるのはアナリティクスの手法である。そして、この目的を数値化して予測する手法をスコアリングと呼ぶ。特に、ユーザーが実際にサービスを利用した結果の効用を推計しているものをＳａａＳでは「ヘルススコア」と呼んでいる。ヘルススコアというと、医療・健康のスコアリングのように聞こえてしまうが、「ユーザーが当該サービスを有効に（ヘルシーに）利用しているか」を指標化しているのである。

これまでは、ユーザーがサービスを有効に活用しているかどうか、満足しているかどうかについては事後的にアンケートなどで確認するしかなかった。しかし、このスコアリング手法により、顧客が現在得ている、あるいは将来的に得るであろう効用レベルを把握し、サービスの組成や変更を行えるようになったのである。

ちなみにスコアリングという言葉は、日本語に訳すと採点するという行為を意味する。つまり、さまざまな基準をもとに価値を定量化する取り組みである。たとえば、過去の借り入れ状況などから個人の与信を数値化するクレジットスコア（信用スコア）などは、これまでもよく用いられてきた概念である。データ量が増加し、アナリティクスの技術が進化するなかで、スコアリング手法は多くの領域で用いられている。たとえば、顧客を獲得、もしくは顧客に商品・サービスを販売する際に使われるものは、「リードスコア」と呼ばれている。既存ユーザーのサービスへの愛着度合いを示すものは「エンゲージメントスコア」と呼ばれている。

ＡＰＩによるシームレスな顧客体験の提供

もうひとつ近年のＳａａＳの特徴といえるのが、ＳａａＳ同士のサービス連携で、そのカギとなる技術がＡＰＩ（アプリケーション・プログラミング・インターフェース）である。インターネット上のサービスは、ＡＰＩという口を通じて他社のサービスであってもデータや機能を容易に連携できる。ユーザーはその切り替えや接続などを意識することなく、複数のサービスを滞りなく活用できるようになっている。たとえば、レストランや飲食店の検索サイトでレストランを検索しているときに、地図を表示というボタンを押せば、すぐに地図上にレストランが表示されるといったことは、だれでも経験があるだろう。また、そのレストランの紹介ページには予約ボタンがあり、それを押せばそのまま予約や決済をすることができるようになっている。このとき、レストラン検索と地図表示、予約・決済は全て別のサービス企業が提供しているのだが、それらがデータ等を連携し、検索、確認、予約といった全ての行動をシームレスに（隙間なく連続的に）行えるようにしているのである。

オンデマンド配車サービス事業をグローバルに展開するウーバー社は、2014年8月に他社がモバイルアプリに配車リクエストボタンを追加できる「ウーバーAPI」を公開している。それを受けて、ハイアット・ホテルズ&リゾートなどが自社のアプリにウーバーボタンを追加した。ハイアットホテルの滞在客は、外出時にハイアットのアプリ上でウーバーボタンを押せば、別途ウーバーアプリを立ち上げる必要も、行き先を指定する必要もなく、ホテルまでのタクシー（ハイヤー）を呼べるようになっている。

米国の代表的なビジネスチャットアプリであるスラックは、APIを通じてさまざまなサービスと連携できることで有名である。すでにその連携数はグローバルで数百とも数千ともいわれている。チャット中に日程調整が必要になれば、グーグルカレンダーなど連携しているスケジューラーアプリを使って、スラックの画面上で日程調整ができる。文字でのチャットだけでなく、顔をみてビデオ会議をしたいと思えば、そのまま他社のビデオ会議アプリを立ち上げられる。顧客向けのCRMアプリや、マーケティングオートメーションのサービスと連携すれば、企業内の従業員同士のチャットだけでなく、顧客との対話や語りかけも統合することが可能である。

日本において、会計・経理分野の代表的なSaaSであるフリーを例にとってみよう。フリーは会計・経理サービスという性格もあり、非常に多岐にわたるSaaSとAPIを通じて連携している。セールスフォースなど営業支援系のSaaSとも有効に連携している。営業担当者は、顧客の獲得や注文の受付をするだけでなく、請求書の発行や入金確認などさまざまな業務をこなす必要がある。そのため、フリーが営業支援サービスとAPIで連携することで、一連の業務をスムーズにこなすことができるのである。

カオスマップと呼ばれるほど、SaaS業界には多様なサービスが存在する。だからこそ、それぞれが連携し、ユーザーからみるとあたかもひとつのサービスであるかのように振る舞う必要があるのだ。さらにサービス連携によって、自社のサービスの利用状況だけでなく、連携先のサービスの利用状況も含めて、顧客の効用水準を計算するためのインプットデータとして活用できるようになる。

サービス改変サイクルのスピードアップ

顧客の利用状況、すなわち利用ログ（履歴）とは、ユーザーの日々の利用状況を分単位もしくは秒単位のログ（履歴）としてデータ化したものである。そのデータ量は膨大になる。加えて、ＳａａＳは自らのサービスのアップデートを頻繁に行う。つまり、顧客の秒単位の膨大なデータ量をもとに、より頻繁にサービスのアップデートを行うことで、サービス提供者と顧客とのやり取りの密度が飛躍的に高まっている。より細かいレベルで顧客体験を創出しているともいえる。

パッケージソフトウェアの販売から、ＳａａＳ型のサービス提供へ自らを転換し大きな成功をおさめたアドビシステムズ社を例にとろう。アドビは映像編集や画像編集のソフトウェアを売り切りのビジネスモデルで提供していたが、アドビ・クリエイティブ・クラウドというサブスクリプション型のＳａａＳを提供し始めた。[4] その後、それに関連した素材探索のＳａａＳや、アドビ・エクスペリエンス・クラウドというＷｅｂアナリティクス関連のサービスまで幅を広げるなど、自らのビジネスを大きく変化させ、同時に再成長した企業として有名である。

クリエイティブ・クラウドでは、顧客の利用ログが、クリエイティブ・グラフという形で、その前後関係も含めて一連の作業として記録される。[5] これにより、ユーザーは映像編集をやり直したり繰り返したりすることが簡単にできる。さらに、さまざまなユーザーから集められた利用ログはアドビ・センセイというＡＩのプラットフォームを通して学習され、ユーザーの高度なクリエイティブ作業の手助けをしている。アドビ・エクスペリエンス・クラウドでは、41兆件のリッチメディアリクエスト、年間１５０兆件を超えるデータトランザクションを管理している。(6)

また、顧客の利用体験を把握するために密着度を高めているだけでなく、利用体験を把握した上で製品に反映させ、新たな価値を提供する頻度もＳａａＳでは高くなっている。これまでパッケージソフトウェア製品の改修頻度は2年に1度程度が一般的であった。たとえば、アドビ・クリエイティブ・スイート４は２００８年に発売され、アドビ・クリエイティブ・スイート５は２０１０年に発売されている。他方、ＳａａＳのサービス更新頻度は少なくとも年３回、場合によっては毎月更新されている。(7) アップデート頻度が2年に1度から月に1度になるということで、そのサイクルは飛躍的に短くなっている。

アドビは顧客の利用体験をより細かい単位で把握し、すぐに製品改修につなげているのである。このためのデータ量やサイクルが従来の製品提供と比べると飛躍的に短くなり、顧客との密着度も高くなっている。

単発から継続、そして自律的な価値創出へ

販売時（ＰＯＳ：ポイント・オブ・セールス）のデータだけでなく、利用時（ＰＯＵ：ポイント・オブ・ユース）のデータをログとして集める。これに基づき顧客の嗜好や効用を機械学習し判断する。その上で、自社のサービスの修正ひいては新しいものをアジャイル（迅速）に開発する。ときには、他社のサービスなども組み合わせて顧客に価値を提供する。他社サービスの利用状況も加味した利用ログに基づき、顧客理解を深め再びサービスを開発する。そのサイクルはさらに高速化している。

これまでのソフトウェア製品では、ターゲット顧客の属性情報などに基づいてウォーターフォール的（ステップ・バイ・ステップ）に開発が行われていた。価値創出が単発的だったといってもよい（第1段階）。次に、顧客の利用データが取得できるようになり、ルールや仕様に基づいて機能を継続的に拡張することが可能になってきた（第2段階）。それに対して、ＳａａＳの最先端にみられる、顧客の利用データと機械が学習したモデルに基づきサービスを高頻度で再開発していくスタイルは、単発でも継続的でもなく、「自律的な価値創出」（第3段階）といえるだろう。

図表3-2　価値創出の方法

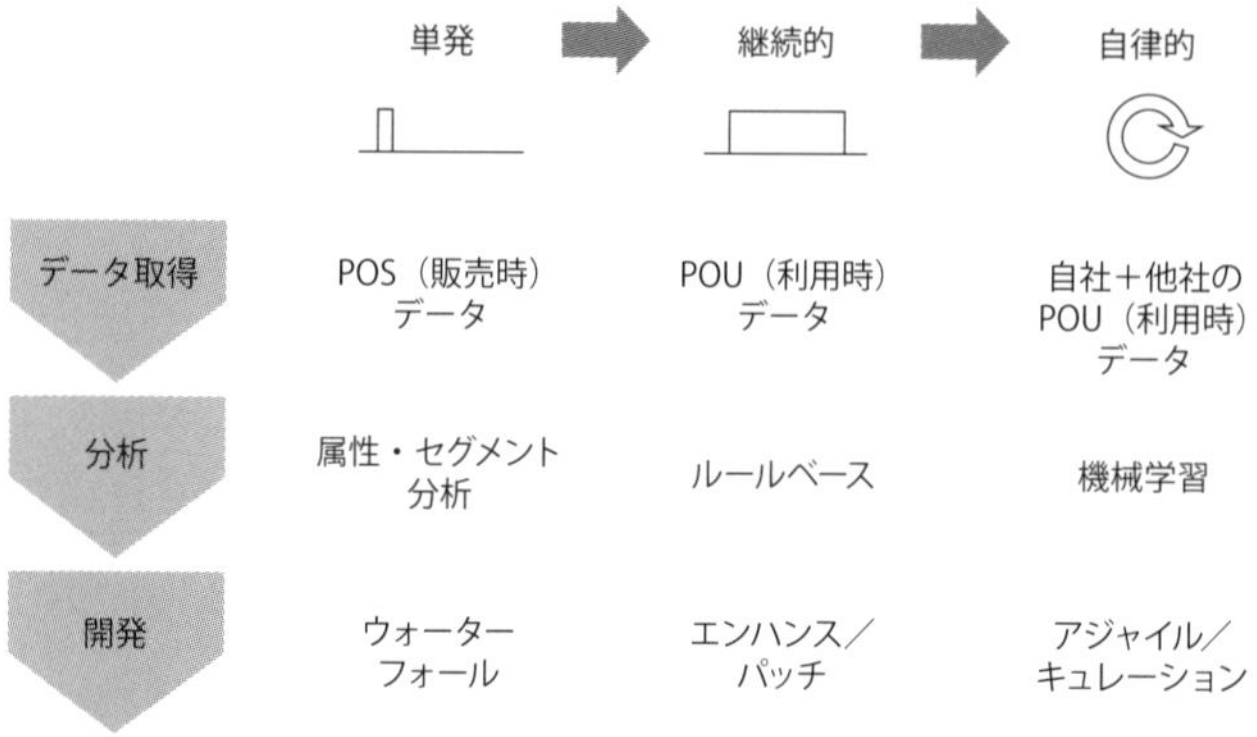

（出所）NRI

ソフトウェア・アズ・ア・サービスから サクセス・アズ・ア・サービスへ

あらためてＳａａＳが大きく進化している２つの要点を確認しよう。ひとつは、カスタマーサクセス、つまり単にモノを提供もしくは利用する権利を提供するのではなく、その先の顧客の効用について科学的に把握し、これをサービス提供の起点としていることである。もうひとつは、サービス提供者とユーザーの接点が深く広範囲にわたり、自律的に存在していることであった。

この２つの進化は、第２章の最後に紹介した価値獲得と価値創出のフレームでいえば、「価値獲得の視点」と、「価値創出の方法」の進化という形で整理できる。この進化を図示すると、図表３－３のようになる。

図表3-3　価値創出と価値獲得の視点からみたSaaSの位置づけ

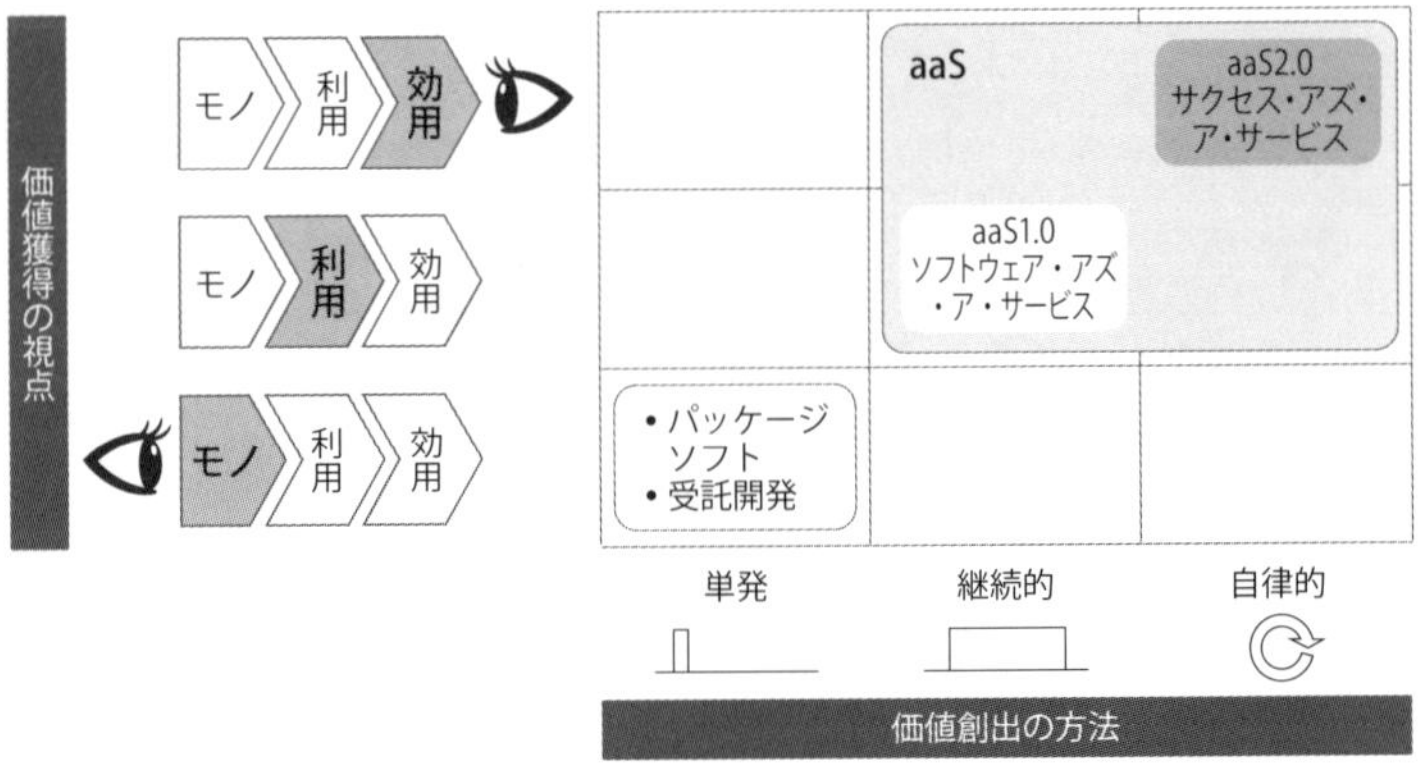

（出所）NRI

初期のソフトウェア業界は、ソフトウェアをつくり、それを顧客に販売するという、モノとしての売り切りビジネスであった（左下）。もちろん、ソフトウェアを販売した後に、継続的にそのシステムの拡張やサポートを実施するビジネスモデルは存在していた。

その後、ソフトウェアの利用時にサポートを提供するエンハンスやサポートパッケージ、さらには、モノとして売り切るのではなく、利用量に応じて課金するビジネスモデルが登場した。価値創出は継続的に行いつつ、利用の観点で価値獲得（課金）するという、ソフトウェア・アズ・ア・サービスの原型ができあがった（真ん中）。しかしながら、SaaSの進化は止まらない。これまで述べてきたように、カスタマーサクセスをキーワードにした顧客の効用を起点とし、自社だけではなく他社と連携したデータに基づく効用のスコアリングや、アジャイルかつ自律的なサービスを提供するようになってきたのである（右上）。SaaSはソフトウェア・アズ・ア・サービスからサクセス・アズ・ア・サービスへと変わってきているともいわれている。[8] 利用の観点で継続的にサービス提供する初期のaaSをaaS1・0とするならば、効用の観点で自律的にサービスを提供するaaSは、aaS2・0へと進化しているといえるだろう（図表3-3の真ん中から右上への進化）。典型的なaaS1・0は、XaaSのXの部分にこれまでの製品やサービスの名前が入る。そして、aaS2・0では、Xの部分に顧客にとっての効用が入るものともいえる。

aaS化によって生まれるカスタマー・エクスペリエンス・エコシステム

SaaSは業界全体の構造も変化させつつある。そのひとつは、SaaSのマーケットプラットフォーム化である。SaaSは自身のサービスを「場」として、第三者が開発したアプリを提供、場合によっては販売している。自らのSaaSユーザーがよく使う機能の強化などが中心である。

たとえばセールスフォースは「アップエクスチェンジ」という場を開設している。アップエクスチェンジは、いわゆるアプリのマーケットプレイスであり、セールスフォースの機能を補完もしくは拡張するさまざまなアプリが販売されている。すでにこのアップエクスチェンジには多くのアプリが登録されている。先に紹介したスラックも、「スラック・アップ」として外部のアプリ開発者がスラックと連携したアプリを開発し、スラック上でそれをダウンロードし活用できるようになっている。日本のＳａａＳでも同様の動きがある。前述のフリーはアプリストアを開設しており、フリーと連携するさまざまなアプリの開発を外部の事業者に促している。そのアプリの数は、現在数十に上っているという。既存のＳａａＳ提供者が、自社のサービスをプラットフォームとしながら、その上で他社のアプリをユーザーに提供するという方法はさまざまな企業に広がっている。

　また、第三者によるアプリケーション開発を促すために、場の提供だけでなく、ＣＶＣ（コーポレートベンチャーキャピタル）の形で資金提供も行われている。セールスフォース・ベンチャーズは、すでに数多くの企業に投資していて、世界のＣＶＣの中でもグーグルに次いで活動的だといわれている。[9] スラック社もスラックファンドを立ち上げ、自社サービスと連携し利便性を高めるアプリに投資している。プラットフォームの価値を高めるために、補完的なアプリを多く生み出すための仕組みづくりである。

　これまでもＥＣサイトなど、いわゆるプラットフォーム型のサービスは多数存在した。しかし、ＳａａＳを中心としたプラットフォーム化には、それらと異なるいくつかの特徴がある。ひとつは、プラットフォーム上で提供されているサービスの利用状況を、連携している企業も把握できることである。顧客の利用データや効用スコアなどが、プラットフォームと他のサービスの間で連携され、サービスの改善に逐次利用される。アプリのどのような使われ方が顧客の効用にどう貢献するのか、といったことを把握した上で、アプリ開発や高頻度のアップデートが行われる。すなわち顧客の効用データを起点として、新しいサービス・商品を創出する新しい業界構造が生まれているともいえるだろう。

もうひとつの特徴は、ＳａａＳによるプラットフォームが多数生まれて、それらが連携していることである。これまでプラットフォーム型ビジネスというと、ネットワーク外部性が働くためにプラットフォーム自体が巨大化し、ウィナー・テイク・オール、つまり勝者総取りになる傾向があったのだが、ＳａａＳを中心としたプラットフォーム化においては、必ずしも巨大プラットフォームが総取りするのではなく、さまざまな特徴のあるプラットフォームが共存・連携しているのが大きな特徴である。

ちなみにプラットフォーム型ビジネスのことをエコシステムと呼ぶ識者がいるが、エコシステムという言葉は、生物学においては、開放系の中に存在する閉鎖系というような意味でしかない。つまり、何らかの限られた領域内（境界内）において、そこに参加しているさまざまな主体がそれぞれ連携してある体系を形づくる、ということで、単発のモノを販売するときに用いられるバリューチェーンと呼ばれる事業構造もエコシステムの一種である。そこでは価値創出の過程が上流から下流へとチェーンのようにつながり、一方通行的に製品・サービスが提供される（図表3－4左）。

図表3-4　顧客の効用データを起点とした事業構造の進化

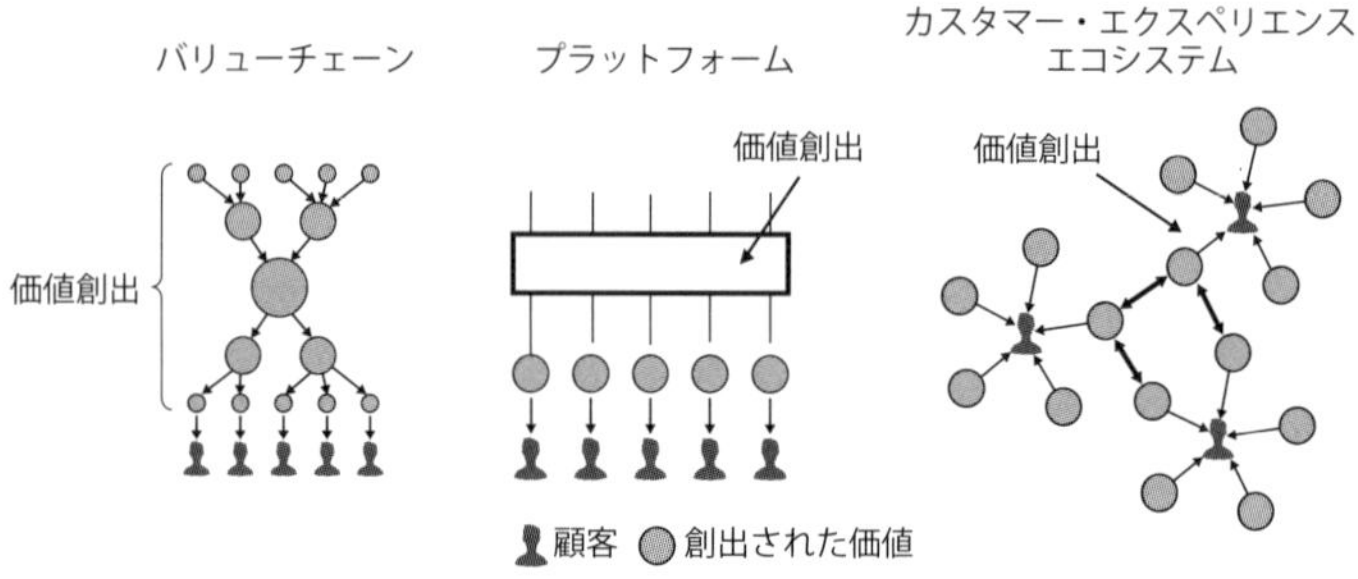

（出所）NRI

そしてプラットフォーム企業が資産を自ら抱えて、その利用価値を継続的に顧客に提供するのもエコシステムの一種である（図表３-４真ん中）。しかし顧客一人ひとり、一社一社の効用を起点として自律的にビジネスを提供しようとする場合、このような巨大プラットフォーム企業だけでは、ニーズを充足しきれない。

そこでＳａａＳにおいて登場したのは、まさにより解像度の高い効用を起点とした、独自かつ多様なプラットフォーム群である。そして、このプラットフォーム群が自律的に連携し、バリューチェーンでもプラットフォームでもない、顧客の効用を中心とした新しいエコシステムを形づくっている。そこでこの新しいエコシステムの姿を、カスタマー・エクスペリエンス（ＣＸ）・エコシステムと呼びたいと思う（図表３-４右）。

ソフトウェア産業のａａＳ化ということで、ＳａａＳ企業を例に挙げたが、それは、まだまだ、一部の企業における一部の取り組みのようにみえるかもしれない。し

図表3-5　価値創出・獲得のマトリクスと業界構造

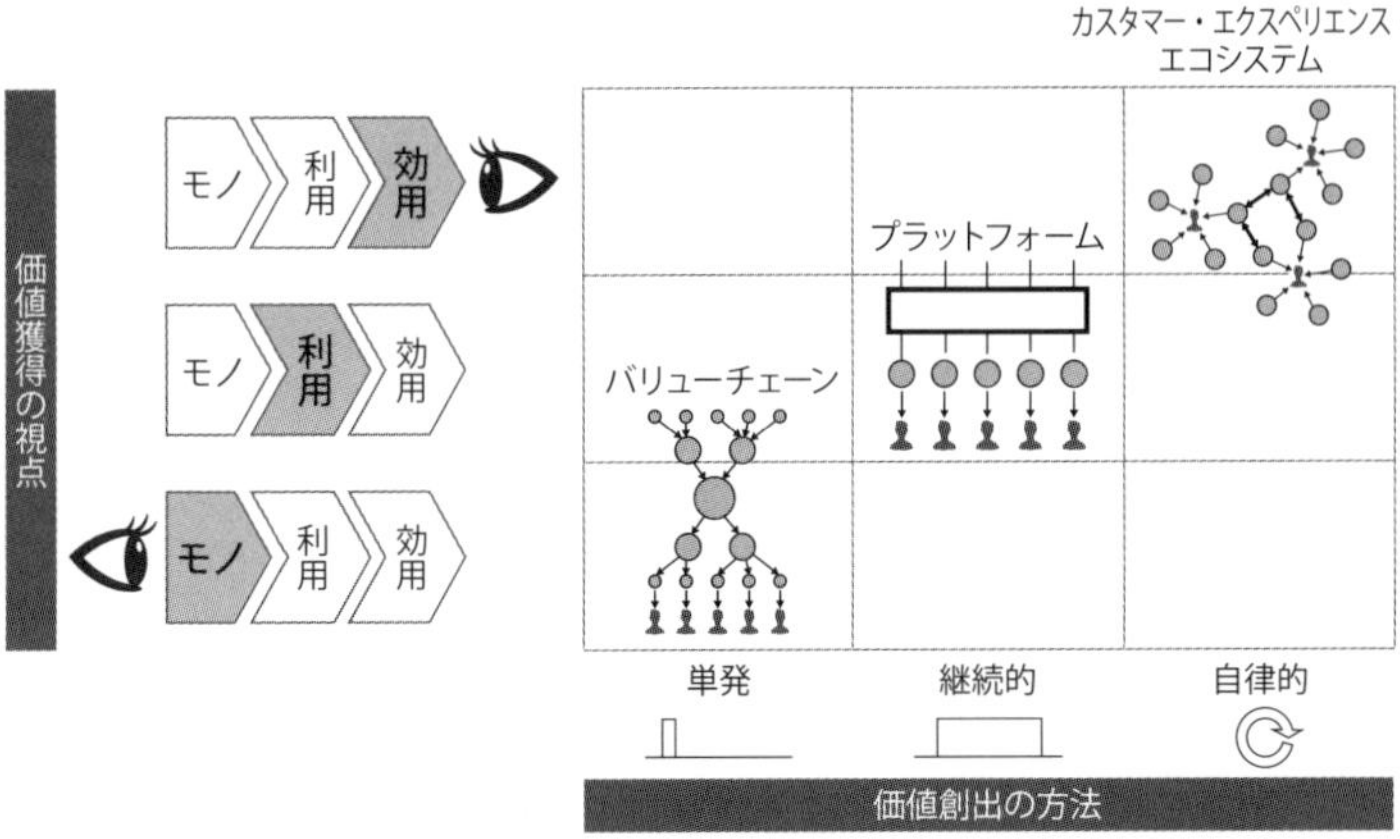

（出所）NRI

図表3-6　クラウドサービスの市場規模推移（日本）

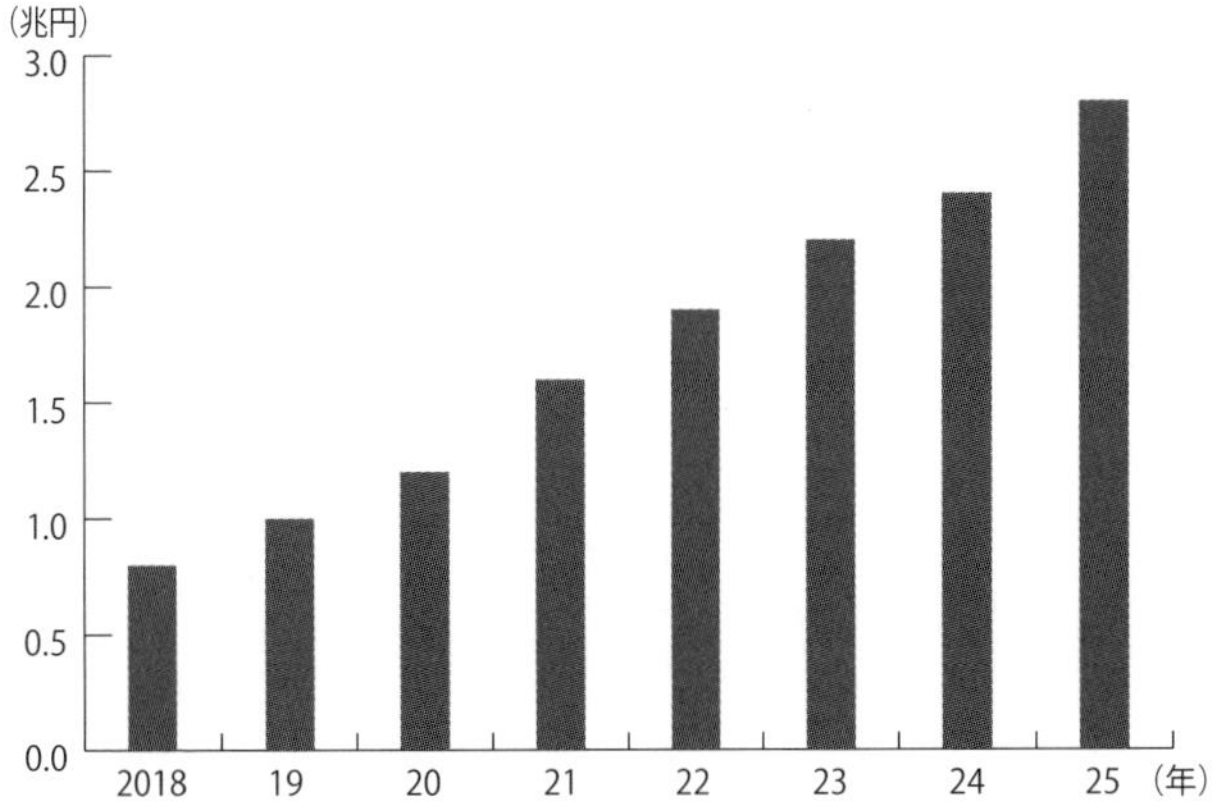

（出所）野村総合研究所ICTメディア・サービス産業コンサルティング部『ITナビゲーター2020年版』東洋経済新報社、2019年

かし、そのような油断は自らの足をすくうことになりかねない。クラウドサービスの市場規模は、ＮＲＩの『ＩＴナビゲーター２０２０年版』によると２０２５年には２兆７０００億円に上るとみている。経済産業省によれば、日本の情報サービス産業の規模は約24兆円であり、全体の１割をクラウドサービスが占めている。

第4章

ソフトウェア産業以外のaaSの事例

価値創出／獲得のデジタル変革はソフトウェア産業だけではない

第3章ではＳａａＳの世界で現在起こっているトレンドを踏まえて、ａａＳ化はいくつかの段階を経て進んでいることを示した。モノから利用単位への価値獲得の転換、そして、単発的から継続的な価値創出への展開をａａＳ１・０と呼び、さらに価値獲得の単位が利用から効用に変わり、価値創出が継続的から自律的に変わることをａａＳ２・０と定義した。この過程で、業界の構造はこれまでのバリューチェーン主体の構造から、プラットフォーム型そして、カスタマー・エクスペリエンスを中心とした新たなエコシステムへと変化していることを示した。

これらのことは、ソフトウェア産業だけに起こっているわけではない。技術的な進化により、あらゆる産業で、価値獲得や価値創出の方法論が同様に変化しているのである。たとえば、センサーやＩｏＴの発達によりさまざまな機器や物品のデータが取得可能になっている。それらをもとに分析することで、利用者の利用状況のみならず、さまざまな効用も把握可能になっている。「ソフトウェアが世界を飲み込んでいる（Software is eating the world）」という言葉があるが、[1] あらゆる製品の原価に占めるソフトウェア比率は増加している。どのような製品もサービスもソフトウェア化していき、機器同士、サービス同士の横連携はさらに容易になり、自律的に自らを変化させやすくなっている。本章では、ソフトウェア産業以外で起こりつつあるａａＳ化の事例について言及する。

タイヤ・アズ・ア・サービス

タイヤメーカーのミシュランは２０００年にフリートソリューションというサービスを開始した。タイヤを1個いくらで販売するのではなく、そのタイヤを利用している時間や距離に応じて課金をする。タイヤメーカーは、ＩｏＴなどを用いて、タイヤの走行距離や利用状況、空気圧などを計測し、しかるべきタイミングでタイヤの交換を実施する。交換されたタイヤは再生処理がほどこされ、また、顧客に提供される。これらの一連のサービスはタイヤ・アズ・ア・サービスといわれている。ブリヂストンも鉱山用のタイヤから同様のサービスの提供を始めている。このようなサービスにより、顧客はタイヤのメンテナンスや在庫管理などの業務から解放される。また、予期しない故障によるダウンタイムの発生の危険性も回避される。タイヤの廃棄量も減り、環境負荷も減ると期待される。

タイヤの利用状況を把握し提案につなげるという観点では、このような効率化や機会損失の回避といったメリット以上のものを顧客に提案できる可能性がある。たとえば、タイヤの使われ方から、顧客の業務の内容やその成果なども推測することができるようになる。鉱山で利用されているタイヤであれば、その路面の状況や運行形態を推測し、運行や路面設計などについても提案が可能になる可能性がある。外部のデータとも連携していけば顧客の理解はさらに進み、ａａＳ２・０の世界への扉が開かれてゆく。

類似のビジネスは電動工具でも提供されている。ヒルティはリヒテンシュタイン公国に本社を置く電動工具（パワーツール）の大手企業で、売上高はおよそ58億スイスフラン、ＥＢＩＴマージン（利息および税引前利益率）は12・1％である。競合はロバート・ボッシュ、マキタ、ブラック・アンド・デッカーなどで、業界内では中堅に位置する。従業員の60％は顧客に直接アプローチしていることから、顧客に対する深い理解に基づく商品開発が競争力の源泉であった。

２０００年には一部の大口顧客からの要望に基づき、電動工具のａａＳ化であるフリートマネジメントモデル（ＦＭモデル）の検討に着手した。ＦＭモデルによる契約とは、月々定額の使用料、契約期間中の無償修理・メンテナンスサービス、専用ロゴラベルによる工具管理、盗難補償、繁忙期のレンタルサービスなどから成り立つ。つまりヒルティが電動工具を販売するのではなく、電動工具はメーカーであるヒルティの資産であり続け、顧客はこれを定額で利用するというサービスである。

電動工具の顧客である建設会社は電動工具をCパーツ（比較的価格が安く、重要性の低い機械部品）として位置付けており、入念な管理体制を整備していないことが多い。そのため電動工具の故障や不適切な充電器・電池の管理による作業の遅れ、盗難・紛失、旧型工具の継続使用による作業効率性の低下、購入・修理・交換などの発注業務などで多くの損害、費用が発生していた（電動工具100台当たり年間で請求業務56件×15ドル、休止41回×それによる損失17ドル、効率低下763時間、など）。FMモデルはこれらを一括して最適化することができ、顧客の総費用を低減することが可能となる。

これらのaaS1・0のビジネスを展開することにより、ヒルティはビジネスの安定性、さらには、aaS2・0につながるビジネスの拡張可能性を手に入れている。たとえば、2008年のリーマンショックの際にもヒルティのFMモデルへの影響は少なかった。そして、大口顧客でも半分程度を占めるにとどまっていた顧客内シェアを高め、顧客との継続的な接点を持つことで周辺サービスの提供を可能としている。さらに、電動工具の稼働状況のモニタリングを通じて顧客の経営状態に関する情報を得ることで、電動工具・アズ・ア・サービスから、電動工具の周辺にあるいろいろな製品についても、顧客の効用を高めるサービスを提供することが可能になっている。

フード・アズ・ア・サービス

消費財においてもaaS化は進んでいる。フード・アズ・ア・サービスというキーワードでも紹介されることのあるミールデリバリー、ミールキットのサービスがその代表例のうちのひとつである。(2) ミールデリバリーとは、食材や半完成品が自宅に送付され、これを自宅で調理して消費するサービスである。特に、最近では月額定額料金を支払うと、さまざまなレシピの食材が送られるサービスが増えている。

代表的な企業が、米国のブルーエプロン社である。このサービスでは、ユーザーは2人分もしくは4人分のプランを選択する。たとえば2人分であれば、1週間につき約60ドルを支払うと、週に3食分の食材とレシピが送られてくる。

消費者はこのサービスを利用することにより、レシピを考える必要がなくなる。スーパーに買い物に行く必要もない。食材や調味料を必要以上に調達しストックしなくてよい。最適な量の食材や調味料などがパッケージされてくるため、無駄なものがなく最適化されている。もちろんそれだけではなく、これまで自分でつくらなかったようなレシピに出会うことができる。

レストランで出されるような内容とみた目が再現できるといった楽しみもある。毎週8食分の提案から3食分を選ぶ。場合によっては、その週をキャンセルすることもできる。そこから、顧客の好みをある程度学習していくことが可能で、さらには肉類を抜くなどカスタマイズに応えることもできる。ここまでは、ａａＳ１・０の領域である。

しかしながら、消費者とつながることで、ただ食材を届けるということ以上の価値にまで踏み出しつつあり、これがａａＳ２・０の領域となりつつある。調理や食事した結果の感想は、ブルーエプロンのサイトに各人が評価コメントを上げることが可能であり、そのコメントはだれでもみることができる。たとえば、子供と一緒に調理をすることで会話が増えたといった感想も上がっている。[3]結局、食材を届けるというサービスから、それを調理し食するという過程にまで染み出した結果、調理や食事を通じた家族とのコミュニケーションといった価値にまで踏み込むようになったのである。つまりブルーエプロンは、フード・アズ・ア・サービスから、食品を取り巻くさまざまな効用（たとえば親子の会話を生み出す）を提供するエコシステムの中心的存在になりつつあるということができる。

小売（リーテイル）・アズ・ア・サービス

米国の大手食料雑貨品チェーンのクローガー社は、２０１９年１月全米小売業協会のイベントで、クラウド環境を用いた小売（リーテイル）・アズ・ア・サービスのコンセプトを打ち出した[4]。「ＥＤＧＥスマート・シェルフ」というディスプレイがついた商品の陳列棚と、スマートフォンにインストールするインストア・アプリを中心として、店舗での購買体験を効率化、高度化させるものである。消費者が買い物に訪れる際に、レシピなどをスマートフォンにダウンロードしておけば、ディスプレイがついた商品陳列棚と連動し、必要な商品がどこにあるかのガイドが提供される。手にとった商品をスキャンさえすれば、すでに登録している決済手段で決済まですぐに完了できるのである。ダイナミックなプロモーションの提示やプライシングの変更なども視野に入れている。ショッピングカートにディスプレイを搭載した買い物の補助や決済の自動化など、店舗での買い物の不便さを解消する取り組みは、日本でもトライアルホールディングス社などを筆頭にいろいろとなされている。アマゾン・ゴーのような無人店舗や、中国でも大きな自動販売機のような無人店舗が登場している。さらにはオフィス内の小規模商圏を相手にした小売も登場している。

　先ほどａａＳ１・０は利用に対して課金すると述べたけれども、これらの店舗は必ずしも店舗の利用料金を消費者から取っているわけではない。しかしこれらの店舗が顧客に提供しているのは、良質で継続的な体験価値である。それをいかに良いものにするか、という方向に店舗の提供価値がシフトしてきているという点では、ａａＳ１・０の世界に踏み出してきているといっても良いだろう。

一方で、店舗に出品しているメーカーに対して、利用料を回収するというビジネスモデルも登場している。ニューヨークに店舗を構えるネイキッドという企業は、商品販売による収益ではなく、商品を展示することによりメーカーから広告料を取るというビジネスモデルを採用している。店舗によっては、商品を販売するよりも売場面積当たりの売上が大きいというケースもあるようだ。この企業については、小売業のメディア化というような文脈で紹介されている。(5)また消費者から利用料を取るビジネスモデルも登場し始めている。たとえば、ポルトガルにあるレロ書店という本屋は、ハリーポッターの映画に登場するような幻想的な空間をつくり出していて、書店に入るには入場料を支払う必要がある。(6)一部の特殊な店舗とはいえ、このような方向性は十分ありうるだろう。

これらのサービスを通じて、小売企業は店舗における顧客の行動や嗜好をより理解する。商品とのマッチングという観点もここに加わる。さらには、店舗内だけではなく、店舗外での行動や顧客の意思決定、嗜好データも統合され、顧客をより深く理解するためのコミュニケーションが可能となる。

小売における顧客の効用とは、計画的な購買行動を効率化するだけでなく、レロ書店のように、購買以外の体験、あるいは思わぬ出会いによる非計画的な購買を楽しんでもらう、という方向性もあるだろう。また店舗が何かをつくる場になる可能性もある。小売（リーテイル）・アズ・ア・サービスのａａＳ２・０化は、このような多様な顧客の効用を自在に提供する場になることである。

モビリティ・アズ・ア・サービス

運輸業、もしくは自動車製造業に関連する交通サービスのaaS化事例としては、第2章でも紹介したMaaS（マース：モビリティ・アズ・ア・サービス）が挙げられる。MaaSについては、主に欧州で研究が進んでおり、さまざまな定義や概念が提唱されている。たとえば、2015年にITSヨーロッパにより設立された団体、マース・アライアンスによると、「さまざまな種類の交通サービスを、オンデマンドに利用できる単一の移動サービスに統合すること」[7]と定義している。

また、スウェーデンのチャルマース工科大学は、MaaSのサービスレベルを5段階（レベル0〜レベル4）で定義している（図表4-1）。レベル1とは、複数の交通手段（例：電車とバス）をまたいだ経路検索や、交通費の提示など、情報の統合が達成されている状態を指す。日本でいえば、ナビタイム社などが提供する乗換案内アプリやグーグルマップがここに該当する。レベル2とは、複数の交通手段を用いる1回の移動が対象で、予約と支払いまでが統合された状態を指す。たとえば、観光地などでよくみられるバスと電車の一括チケットのデジタル化をイメージしてもらえると良い。

図表4-1　MaaSのサービスレベル

レベル	内容
4	**社会的な目標の統合：** 政策、インセンティブなど
3	**サービスオファーの統合：** バンドル／サブスクリプション、契約など
2	**予約と支払いの統合：** シングル・トリップでの検索、予約、支払い
1	**情報統合：** 複数の交通手段をまたいだ経路検索、価格情報
0	**統合なし：** 単一、個別サービス

（出所）Jana Sochor他 “A topological approach to Mobility as a Service: A Proposed tool for understanding requirements and effects, and for aiding the integration of societal goals” ICoMaaS 2017 Proceedings、193ページを翻訳

レベル３までいくと、サービスオファーが統合された状態を指す。これは複数の交通モードが乗り放題になるサブスクリプション型ビジネスや、各交通事業者がバラバラに提供していたサービス（単純なチケットや都度払いの運行サービス）が統合されている状態だ。日本でもレベル３に相当するサービスの実証実験が盛んに行われている。

レベル４は、サービスが達成しようと掲げている社会的な目標までが統合されている状態を指す。移動サービスと、サービスが提供されている都市の政策とが結び付いていることが必要になる。チャルマース工科大学の研究者らは、レベル４のサービスの例を挙げてはいないが、中国で交通管制システムにまで進出している滴滴出行（ＤｉＤｉ）などは、レベル４の定義に当てはまるといっても良いかもしれない。ここ

ではこの定義を尊重しつつ、第3章で示した価値創出・獲得のマトリクスに則り、議論を進めたいと思う。

ＭａａＳの代表的なサービスが、第2章でも紹介したフィンランドのマース・グローバル社が提供するサービス「ウィム」だ。あいおいニッセイ同和損害保険とトヨタファイナンシャルサービスは２０１７年６月、マース・グローバルへ出資を行うことを発表し、２０１８年７月にはデンソーも出資を決定。２０１９年４月には三井不動産が出資を決め、街づくりにおけるＭａａＳ実用化に向けた協業を発表するなど、マース・グローバルは日本でも非常に注目されている。２０１４年にヘルシンキで開催されたＩＴＳ ヨーロッパ会議で、モビリティ・アズ・ア・サービスという概念を発表したサンポ・ヒエタネン氏が立ち上げたのがマース・グローバルである。そのような企業が、ＭａａＳをまさに社会実装したサービスとして、「ウィム」を提供している。

ウィムは、複数の交通手段の中から目的地までの最適移動手段をアプリ上でワンストップに予約・決済することが可能で、支払いはデジタルで完結する。買い物やレジャー目的の住民、通勤・通学者を主なターゲットに、ヘルシンキ市内の公共交通機関が乗り放題となるサブスクリプション型料金体系を用意している。

マース・グローバルは、「自家用車を保有せずとも快適に移動できる世界」を標榜しているように、単なる経路案内ではなく、決済や予約なども一括で行えて、ユーザーの移動・行動様式によっておススメする交通手段を変えるなど、各人の違うニーズに合わせた移動体験の提案を行うことで、ユーザーが都市内を自由に快適に移動できるようになることを目指している。その実現の鍵となるのは、サブスクリプション型の料金体系と、利用できる交通手段の網羅性だ。前者のおかげで、顧客が解約しない限り自動でサービスは継続されるため、都度課金など他の料金体系よりも顧客と継続して関係性を持つことができ、顧客の移動・行動データを長い期間取得することができる。その取得したデータを活用し、個人が好む移動経路や移動手段などを把握することで、快適な移動体験の提案を実現しようとしている。また都市内で普段使われている交通モードが適切に網羅されていることで、移動しようと思った際に常に使われるサービスになっているため、データの取得量と利便性が担保されている。

実際に、2019年3月28日に公開されたヘルシンキにおけるウィム導入の効果を評価した報告書「ウィンパクト」では、ウィムユーザーの公共交通機関利用率は、ヘルシンキの一般的な市民と比べて1・5倍強高いことが報告されるなど、快適性の向上はすでに一定程度実現できていることがうかがえる。2018年にNRIが実施したマース・グローバル英国代表へのインタビューでも、「自家用車から公共交通への移行を増やすことで、MaaSプロバイダー（彼ら自身）と交通事業者がウィン・ウィンになる」ことが基本方針と述べていた。

MaaSと呼ばれるサービスとして別の例も挙げておきたい。米国を中心に、世界的にユーザーを獲得しているライドシェアサービス（自動車の運転手と、自動車で移動したいユーザーを結びつけるマッチングサービス）のウーバーも、従来はライドシェアという単一モードの予約・配車・決済アプリに過ぎなかったが、現在ではＭａａＳと呼ぶにふさわしいサービスへの変化を遂げようとしている。

たとえば、シェア自転車やスクーターサービス、そして公共交通機関とも連携して、利用できる交通手段を広げるとともに、サブスクリプション型の料金体系も試験導入しようとしており、前述のウィムと類似している。これまでは顧客が利用した瞬間でしか顧客とつながっていなかったのが、常に利用できるサービスへの変化を志向しているようにみえる。つまり、自動車移動の際に使われる単純なサービスだったウーバーが、他の交通モードを含めた利用者の移動全体までサービスを拡充しようとしている。

ウィムもウーバーも、顧客との接点を広げようとする動きは同様である一方、他のアズ・ア・サービス事例で萌芽的にみられるような、顧客の効用に応じたサービスの組み換えや再設計はまだ行えていないようだ。ウィムは取得したデータを活用し、個人が好む移動経路や移動手段などを把握することで、各人にとっての快適な移動体験の提案を実現しようとしているが、まだサービスも立ち上げたばかりで、どこまで実現できているかは未知数である。サブスクリプション型のサービス加入者も、まだユーザー全体の数％程度だという。ウーバーも、利用者の膨大な移動データを取得しているものの、活用方法としては、「ウーバー・ムーブメント」というサービスを、自治体などの交通計画の担当者に無償で提供するにとどまっているようだ。

ウーバーは、移動データだけでは顧客への価値提供が不十分と考えているのかもしれない。ウーバーは2019年9月に、「毎日の生活のためのオペレーティング・システム（OS）[8]」というタイトルの記事をリリースした。そこではウーバーを日常生活のためのOSとするため、ウーバー・イーツなどのアプリと統合していくと発表。同年11月には「ウーバー・マネー[9]」という金融サービス部門を立ち上げ、専用アプリの「ウーバー・ウォレット（財布）」を展開すると発表した。このアプリは、ウーバーに登録しているドライバーや宅配業者の収入・支出を一括管理でき、送金も可能になるという。

ＭａａＳの未来像を、他の産業の事例から類推してみるならば、それは都市内のあらゆる移動がカバーされたサービスであり、もちろん検索や予約も含めて、決済も一括で可能になっている。そして利用者が使えば使うほど、ストレスを感じた瞬間や、その人が好む行き方、交通手段、もしくはみたい風景がわかるようになり、各人に応じたサービスが提供されるようになる。自動運転車が普及し、自動車の内装も自由に換装できるようなモビリティが普及した世界まで来ると、利用者の利用体験を学習し、それによって内装までパーソナライズされた車両が製造されるようになるかもしれない。

スペース・アズ・ア・サービス

スペース・アズ・ア・サービスは不動産（リアルエステート）・アズ・ア・サービスと呼ばれることもあるが、不動産業におけるａａＳ化事例としてウィーワークやＯＹＯが挙げられる。前者は現在、ザ・ウィー・カンパニーへと社名を変えている。ニューヨーク市に本社を置く企業で、もともとウィーワークというコワーキングスペースを提供しているユニコーン企業（評価額が10億ドル以上の未上場スタートアップ企業）であった。２０１９年1月に、新規株式公開（ＩＰＯ）を見据えて現在の名称にブランド変更し、コワーキングスペース事業のウィーワーク、ウィーワークのアパート版である「ウィーリブ」、小学校を運営する「ウィーグロー」の3つの事業に再編している。残念ながら、２０１９年9月に、自己取引などの疑惑で共同創業者のアダム・ニューマン氏が辞任、２０１９年9月に予定していたＩＰＯも延期になっており、その後ＩＰＯの目論見書に問題があったことも明らかにされている。このように足元では大きな困難に直面している企業ではあるが、ａａＳ化に向かっていく方向性が他サービスよりも明確であることから、ザ・ウィー・カンパニーの最初の事業であり、不動産業におけるａａＳ化の先進事例でもある「ウィーワーク」を取り上げてみたいと思う。

２０１０年2月にスタートしたこのサービスを単純化して説明するならば、賃貸ビルを借りて、内装をデザインし、スペースを小分けにして起業家やフリーランサー、ベンチャー企業らに又貸しするサービスである。創業から10年も経たない2019年第2四半期終了時点で会員数が52万7000と急成長している。企業活動に必要なものの多くが揃っているので、利用者や顧客企業はインターネット回線や、荷物の受け取りを行うスタッフ、コーヒーの用意など、オフィスに関連する設備や必要品についての心配をしなくて良くなる。ウィーワークはこうした企業側の負担軽減や柔軟性確保に対して対価をもらっている。ここまでなら、他のコワーキングスペースがより便利になった程度であるが、ウィーワークの強みはもっと別のところにある。それはメンバーシップと、豊富な業務支援機能、そしてデータ分析による迅速なサービス最適化である。

具体的にいうと、ウィーワークは従来のコワーキングスペースと違い、「ウィーOS」と呼ぶメンバー向けアプリによって、入居者の入出管理や会議室予約などができるほか、コミュニティを創る機能を有している。たとえば掲示板を通じて他の拠点のウィーワークの利用者に質問を投げたり、世界中のウィーワーク利用者とつながることができる。ウィーワークは、オープンスペースやウィーOSアプリ上で起こる人々のコミュニケーションについて、逐一、データ取得・分析・最適化しているとのことで、ゴミ箱の数や、廊下の広さからピンポンテーブルの利用率、どのゲームが人々に最も人気かといったことまで把握し、オフィス空間の改善に取り組んでいる。

スペース・アズ・ア・サービスにおける進化、すなわちaaS2・0の形態はどういう姿になるのかと考えると、従来のオフィス賃貸、コワーキングスペースと異なり、顧客のコミュニケーションの頻度や質まで計測した上で、顧客の効用を高めようとするようなサービスであろう。将来的には現実の不動産から染み出し、基幹システムのＳＡＰや働き方改革ソリューションを強化しているマイクロソフトなどのオフィス以外の領域との協働によって、顧客の内部管理指標なども計測し、顧客企業が求める「売上向上」、「コスト削減」に一層フォーカスするサービスが出るかもしれない。

実際、ウィーワークはマイクロソフトと２０１６年に「シティ・アズ・ア・キャンパス（ＣａａＣ）」という名前のパートナーシップを結んでいる。これによって、マイクロソフトの３００人のグローバルセールスとマーケティングチームは、マンハッタンに立地しているウィーワークの全オフィスとサービスを利用できるようになっている。また、マイクロソフトＯｆｆｉｃｅ ３６５や、セールスフォース・ドットコムのソフトウェアについての割引サービスもすでに存在する。より結びつきを強める動きがあってもおかしくない。

住宅におけるａａＳ化の萌芽事例でいえば、利用に課金するという意味で、賃貸住宅がすでにそうではないか、と思われるかもしれない。しかしながら賃貸住宅は、一度借りるとその後の（屋内に関する）継続的なサポートは得られないことがほとんどである。あくまで賃貸するのは土地や建物自体であり、屋内については、基本的に借り手の住人任せである。もしくは、画一的な設備が最初から用意されているといった程度である。住民が不動産賃貸企業との関係性を感じることはほとんどなく、引っ越しの際にいとも簡単に他企業の物件に移ることになる。

住宅分野のａａＳ １・０の事例としては、アドレス（ＡＤＤｒｅｓｓ）社が挙げられる。アドレスが提供しているサービスは、登録拠点であればどこでも住み放題になる、サブスクリプション型の多拠点居住シェアサービスである。日本各地の物件を買い取りまたはサブリース契約し、物件を確保する。毎月の会員費を支払った会員は、確保した物件の空きがあればどこでも住めるようになる。

２０１９年10月に正式スタートしたこのサービスのユニークな点は、ＪＲ東日本のスタートアップや、全日空、ＩＤＯＭ（旧ガリバーインターナショナル）との提携を発表し、定額制の「住宅＋移動」サービスの提供を目指している点だ。いわば、ＭａａＳと不動産・アズ・ア・サービスの融合である。全日空とは、アドレスの利用料金に月額２万〜３万円を加えた料金で、全国各地の路線のいくつかの便限定で往復できるサービスの実証実験を、２０２０年１月から実施している。ＩＤＯＭとは、定額乗り換え放題のカーシェアサービス「ＮＯＲＥＬ」を、アドレスの登録物件で提供する。各登録物件間の自動車移動や、ガリバー店舗で乗り捨てができるサービスの実証実験を、２０２０年２月から始めた。

医薬品（メディスン）・アズ・ア・サービス

バリュー・ベースト・ヘルスケアという概念が世界的に提唱されている。治療の量ではなく、質に対して支払いをしようという取り組みである。先進国において、医療費の高騰といった課題を解決する手段として期待されていて、日本でも同様の取り組みが進められつつある。[10] この動きは、単に医療費の削減・効率化を進めるだけではなく、患者を全ての中心に据え、医薬品を商品としてではなくサービスとして提供する動きである。このコンセプトはメディスン・アズ・ア・サービスとして提唱されている。[11]

患者を中心に据えると、関わる産業は、製薬業だけでなく医療機器、健康食品、医療や予防、福祉、フィットネス、保険など幅広いヘルスケア産業まで範囲が拡大する。ヘルスケア・アズ・ア・サービスという概念も２０１４年頃から使われていたようだが、[12] そこで提示されているのは、あらゆるヘルスケアサービスを横断的に統合し、利用者にとっての便益（効用）を生み出そうとする取り組みだということである。

たとえば米国の大手ドラッグストアチェーンであるウォルグリーン・カンパニーは、２０１８年に「ファインド・ケア・ナウ」と呼ばれる、さまざまなヘルスケアのサービスを購入できるプラットフォームの提供を始めた。このプラットフォームを通じて、５００万人いるウォルグリーン会員は、地元のヘルスケアサービスや遠隔医療のサービスを購入できるようになる。

ドラッグストアではさまざまな商品が販売されており、その購買行動などと併せて、顧客の健康状態をスコアリングすることが可能となる。それによって、薬だけではない、本当に価値のあるサービスを提供することができるのだ。

南アフリカの保険会社ディスカバリー社は、バイタリティと呼ばれる健康増進型プログラムを提供している。バイタリティの保険加入者は、健康につながる行動（例：運動する、野菜を食べる）をすると保険料が下がるなどの報酬を受け取る。そのため加入者はそのような行動を積極的にとるようになり、結果として加入者がより健康になるという好循環が生み出されている。

このように、医療、ヘルスケアの業界におけるａａＳ化は、モノ（例：医薬品）を販売することから利用へ、単発から継続へというａａＳ１・０化だけではなく、顧客の効用を自律的に高めようというａａＳ２・０の局面にまで一気に進もうとしている。しかし価値（効用）の計測が難しいこと、ヘルスケアに関わる利害関係者の利害がなかなか一致しないことから、取り組みは必ずしも大きくは進んでいない。もしこれらの課題が解決されれば、ａａＳ化は一気に進むと考えられる。

ファイナンス・アズ・ア・サービス

すでに世の中には金融サービスを提供している企業は多く存在する。企業向け、個人向けを問わず、資産の管理や資金調達、融資、それらにまつわるコンサルティングなどを主に実施している。金融商品を単発で販売しているという観点では、単発販売のビジネスともいえるし、ＢＰＯ（ビジネス・プロセス・アウトソーシング）として金融関連のサービスを外部から提供しているという観点ではａａＳ１・０のようなサービスを提供しているともいえる。

このようななか、この領域でも、ファイナンス・アズ・ア・サービス（ＦａａＳ）と銘打ったサービスを提供する企業が出始めている。ファイナンシャル・ソリューションはそのひとつである。もともとは会計業務のＢＰＯを担っていた企業であるが、自らＦａａＳと銘打った「ＲＦＳワークフロー」事業では、顧客のファイナンス情報だけではなく、その他のビジネス情報を統合し、大きな事業目標から逆算した活動を支援する仕組みを提供している。

コンセロ・グローバル社も自らのサービスをファイナンス・アズ・ア・サービスと呼んでいる。具体的には、中小企業向けに財務部門のアウトソースサービスを提供している。ＳＩＭＰＬというソフトウェアのプラットフォーム上で、顧客企業の会計、キャッシュフロー管理、ファイル・ストレージ、資産管理などを全てワンストップで提供しているのである。

消費者を中心に家計簿アプリを提供しているマネーフォワードも、ＦａａＳを提供しているといっても良いだろう。サービス開始当初は、銀行口座やクレジットカードの使用履歴などと連携して、家計のデータを集約し見える化をすることがアプリの主な目的であった。現在は、ロボアドバイザーといった投資サービスとも連携し、家計に合った投資のサポートも提供している。経営者や事業者を対象にしたサービスでは、家計データに基づく融資支援も提供している。家計簿の手間を省くという段階から、集約されたデータに基づき、より広範囲のファイナンスサービスを自律的に実現しつつあるという点ではａａＳ１・０からａａＳ２・０へ進んでいるといっても良いだろう。

また、顧客の成功の観点から逆算したファイナンスサービスという点では、ゴールベース資産管理がある。[13] ゴールベース資産管理とは顧客のさまざまな人生の目標などを共有したうえで、それに必要な資産設計などを支援するものである。顧客の目標実現のために、サービス提供企業はときとしてファイナンスを超えたサービスすらも提供する必要がある。これこそ、ａａＳ２・０の扉を開けつつあるモデルといえるだろう。

「X」・アズ・ア・サービス

ここまで、タイヤ・アズ・ア・サービス、小売（リーテイル）・アズ・ア・サービス、モビリティ・アズ・ア・サービス、スペース・アズ・ア・サービス、医薬品（メディスン）・アズ・ア・サービス、ファイナンス・アズ・ア・サービスなどさまざまなａａS化の取り組みについて触れてきた。これ以外にも、エアー・アズ・ア・サービスなど、紹介しなかったが多様なａａSが登場しつつある。

第2章では、XaaSの「X」の部分を、利用者の効用に関するワードで整理した（図表2－9を参照）。他方、この章で紹介したように、世の中で実際に提案されているXaaSの「X」の部分は、これまでと同じ商品名で記述されている。食品産業を、効用からみて「ニュートリション（栄養）・アズ・ア・サービス」と記述するのか、「フード（食品）・アズ・ア・サービス」と記述するかの違いである。商品名が「X」に使われていることは、どのサービスにおいても、依然としてaaS1・0の考え方が主軸で展開されていることを示している。

しかし、効用を主軸にするaaS2・0に相当するような取り組みも始まってきていることから、ひとたびaaS1・0のサービスが展開されれば、次第に効用起点のaaS2・0のような取り組みも自然に増えていくのだろう。もちろん、業界によって多くのビジネスモデルが存在するため、必ずしも一様な変化ではない。しかし、最後は顧客の効用、もしくは「サクセス」というキーワードを中心に、いろいろな付加価値を自律的に組み合わせるという方向に収束していくとみている。

第3章で紹介したカスタマー・エクスペリエンス（CX）・エコシステムを構築し、そのための中心プレーヤー（キーストーン）となるべく、各社がしのぎを削っているのである。顧客の効用や成功が山の頂上だとすれば、各社は異なるルートを辿って一斉に頂上を目指して山を登っているといえるのかもしれない。

他方、効用というのは非常に主観的であり、また移ろいやすいものだということを忘れてはいけない。一杯の水はだれからみても客観的にひとつのモノである。しかし、これを利用するとなると、飲む、洗う、かけるなど複数の利用方法がある。水から得られる効用となると、喉の渇きが癒える、落ち着く、など人によって、またそのタイミングによってさまざまに変化するのである。このような顧客の効用をリアルタイムに捕捉しつつ、自律的に価値を創出し続けるCXエコシステムは、今後も多数生まれてくるだろう。これらのCXエコシステム同士がさらにつながりながら進化していく、という未来像を描いている。

第5章

aaSの未来像と移行のハードル

aaS2・0化のハードルがどこに存在するか

これまで、aaS化の現象を「価値獲得の視点」「価値創出の方法」の2つの進化形として説明してきた。改めてこの2つについて説明すると、「価値獲得の視点」とは、企業が何に課金をするのかについての進化であり、従来のモノ・サービス単品への課金から、利用への課金、さらにそれが顧客の効用に対する課金へと進化していくことを意味する。対して、「価値創出の方法」とは、顧客との接触方法や密着度であり、1回の売り切り（単発）から、継続的な接触、そしてサービス提供者と顧客が常につながり、自律的なサービスが提供されるような進化である（図表5-1）。つまり、「価値獲得の視点」と「価値創出の方法」にはそれぞれ3段階

図表5-1　価値獲得の視点と価値創出の方法の3段階

	第1段階	第2段階	第3段階
価値獲得の視点（どこに課金するのか）	モノ	利用	効用
価値創出の方法（顧客との接触方法・頻度）	単発	継続的	自律的

（出所）NRI

あることになるが、我々が考えるａａＳの理想像とは、両方が３段階目に到達している状態を指す。第４章では、第２段階をａａＳ１・０、第３段階をａａＳ２・０と呼んだが、現状のａａＳ化事例はそのほとんどが第２段階、すなわちａａＳ１・０である。

たとえば、モビリティ・アズ・ア・サービス（ＭａａＳ）のウィムであれば、複数の交通サービスをバンドル化することで、利用者の現在地から目的地までのドアツードアの移動について、移動のＣＸ（顧客体験）全体を通じて顧客接点を確保し、自律的にサービスを改善していくパーソナライゼーションを志向している。

また、映画やドラマが定額で見放題になるネットフリックスは、アプリやＷｅｂサイトを通じて消費者の視聴時間や離脱タイミングなどを細かく把握している。それにより、どのような顧客がどのようなコンテンツをどの程度好むのか、という「効用」を把握しようとしている。しかも単なる作品単位ではなく、出演者や監督単位でも顧客の嗜好を測っており、それをもとに、顧客が真に望む自社コンテンツを製作、提供している。

現在、さまざまな産業で「価値獲得の視点」が変化し、「価値創出の方法」が進化することでａａＳ化が進んでいる。たとえば、製造業に代表される従来のモノ売りビジネスは、「モノ」という生産物を顧客に流通することで価値を提供し、売り切ったら別途コンタクトしない限り、顧客との接点はなくなる「モノ」×「単発」のビジネスであった。その後、モノの所有権は提供側の企業が持ち続け、顧客へ賃貸借するレンタルビジネスが誕生した。レンタルビジネスでは、顧客がモノを所有するのではなく、あくまで「利用」することで価値が創出される。レンタル期間中は契約が続くことから顧客接点が継続しやすく、借り換えなども発生するため、「継続的」に顧客との接点が発生する。そのタイミングで顧客の声を聞いて、サービスを改善することができるようになった。そして現在、マース・グローバル社のウィムのように、ＣＸ全体で常に顧客接点を確保し、自律的に改善できていくサービスや、ＧＥのプレディクス[1]のように、顧客の「効用」を計測し、提供する価値を変化させていくサービスが登場した。

「モノ」から「利用」へ、「単発」から「継続的」へという第２段階への移行は普遍的にみられる現象なので、その次の第３段階、すなわちａａＳ２・０への移行も普遍的に起こると思われるかもしれない。しかし、あらゆる産業で同じように移行が進むわけではない。ａａＳ２・０化には超えるべき大きなハードルが２つ存在するからだ。

図表5-2　aaS2.0化への2つの壁

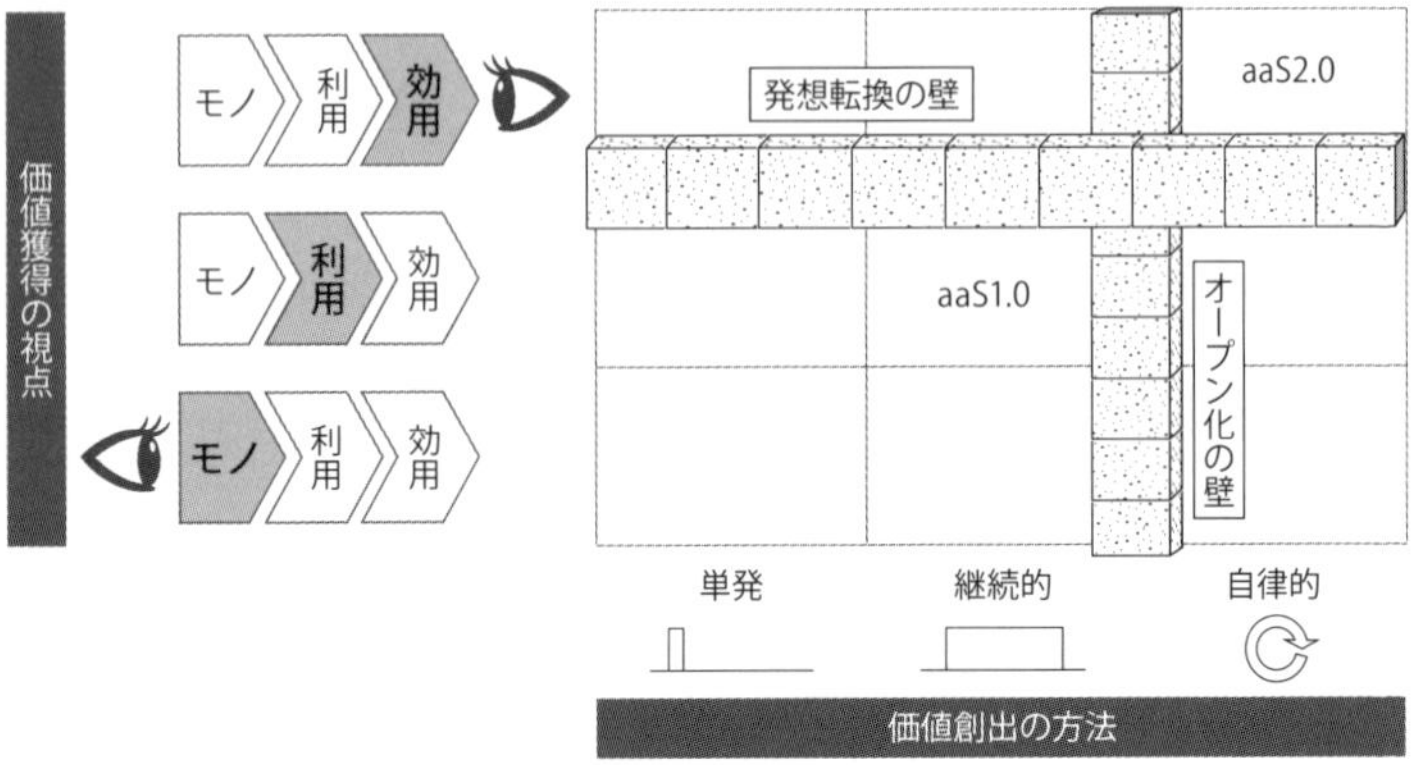

（出所）NRI

発想転換の壁とオープン化の壁

ａａＳ２・０化を志向するときに、従来型のビジネスが直面する最も根本的なハードルは、「発想転換の壁」である。提供価値を、提供者目線ではなく顧客目線でとらえ直すことに対する障壁である。もっとも、これまでもマーケットインや顧客のニーズを考えるといった、顧客を起点にする考え方がなかったわけではない。これまでと異なるのは考え方だけでなく、産業や企業の構造を転換していくことである。もうひとつのハードルが、提供価値の創出方法を自律的に動かすようステークホルダー全体を再統合する際の「オープン化の壁」である。

図表５-２で示したように、発想転換の壁は、縦軸における第２段階（利用）から第３段階（効用）の間にそびえる壁である。それに対し

て、オープン化の壁とは、横軸における第2段階（継続的）から第3段階（自律的）の間にそびえている。従来型のビジネスの多くが、価値提供の範囲は「利用」までにとどまっており、顧客接点の深さと範囲は「継続的」でとどまっていて、図表でいえば真ん中の位置が該当する。「利用」から「効用」へ、「継続的」から「自律的」へ、という2段階目から3段階目に移行しようとする際に、ハードル（難しさ）があると考えている。

価値獲得のハードル：発想転換の壁

従来の「生産者目線」をやめ、「利用者目線」になって最適な提供価値を定義することが、「効用」を提供するために必要となる。とはいえ、前述のように、顧客の価値や体験を起点に自らのサービスを考える取り組みは以前からあった。重要となるのは、「効用」を起点にサービスを考えるだけではなく、「効用」を起点に業界や組織構造自体を変えていくことである。生み出された経済的な価値を、これまでのコストプラスの考え方ではなく、「効用」創出に対する貢献度に応じて生産者に分配をする。

消費者向けビジネス（B2C）では、効用の経済的価値の測定は難しい。なぜならば消費者に提供される「楽しみ」などの情緒的価値は、人によってとらえ方が異なり、定量的に把握しづらいからだ。とはいえ、「効用」を測定しようとする動きはみられる。ネットフリックスは消費者の好みを分析して売れる映像を製作し、スポティファイも好みに合わせたレコメンドをすることで、顧客へ「効用」を提供している。

消費者から直接お金を取っているわけではないが、面白い萌芽事例としてアミューズというスウェーデンのスタートアップ企業がある。この企業は、アーティストの将来の売り上げを担保に融資を受けられるようにするサービスを提供している。[2] 彼らが「ファスト・フォワード」と呼ぶこのサービスでは、登録したアーティストの楽曲が、スポティファイやアップル・ミュージックという音楽配信プラットフォームに登録される。次に、どのプラットフォームで視聴されたのか、どのような顧客層が聞いたのか(デモグラフィー、有料ユーザーか否かなど)、どの楽曲が何回再生されているかといったデータを取得し、アミューズの専門チームが分析する。そこで機械学習技術を活用してアーティストが格付けされ、将来稼ぐであろう売上額が予測され、その数字に基づいた融資が行われるという仕組みである。

また、英国で創業されたエパゴギクス社は、機械学習技術を用いて、ハリウッド映画などについて、脚本から完成後の映画の興行収入を専門家より高い精度で予測できるサービスを提供している。[3]「どのような客層に何がウケるのか」という分析の高度化が進めば、いずれ「あなたには何がウケるのか」がわかるようになり、将来的には、それでお金を取るようになるかもしれない。

事業者向けビジネス(B2B)では、利用した結果・効用が定量的に測定しやすいため、比較的このハードルは超えやすい。たとえば、前述のタイヤ・アズ・ア・サービスの事例では、コスト削減という観点では、導入以前にかかっていた購買コストや、タイヤを管理するために要していた工数などの減少が測定できる。機会損失の削減という観点でも、タイヤの故障や不足が起因となっていた、操業停止時間の減少なども測定が可能である。

まとめると、「効用」を得ている状態をどう測定するかがポイントになる。事業者向けビジネス（B2B）では、システム化による状態の「見える化」や、最低保証契約による望ましい状態の「担保」を通じて測定し、消費者向けビジネス（B2C）では、サブスクリプション型の課金を通じて推測するといった方法が挙げられる。

そして、この測定された効用に対して、サービス提供に関与したさまざまなステークホルダー間でどのように価値を分配していくのかということである。つまり、最終利用者の効用を計測した上で、その途中に関与したステークホルダー自身の効用も測定していくことが必要である。従来型のモノ売りビジネスであれば、各ステークホルダーはコストに利益を乗せて価格を設定した。何か設備や資産を利用する場合も、利用時間や量を計測した上で、コストを按分することが主な方法であった。このように、最終利用者の効用を測定したら、それを起点としてあらゆる関係者の効用も全て測定していく必要がある。

価値創出のハードル：オープン化の壁

販売・購入時だけの「単発」の関係から、自社商品の利用やサポートを通じて顧客と「継続的」につながる関係になるには、お金のとり方を変えるだけで比較的容易に実現できる。たとえば、NRIが属するシステム開発業界では、受託開発を行っていたのを、その後の保守・運用まで手掛けて、顧客へ日参し改善箇所を提案すれば、継続的に顧客とつながって、エンハンスによる収益を得ることができる。しかし、そのビジネスモデルの延長では、あくまで導入したシステムの範疇でしか顧客と関わることができない。加えて顧客の要望や不満をヒアリングし、それをもとに提案し改善を行う、という一連のサイクルはあくまで散発的な取り組みだ。

顧客に対して最適なタイミングで、最適な提案を「自律的」に行えるようにするためには、より多角的に、そして、リアルタイムに顧客のことを理解する必要がある。そのためには、自社だけでこれを実施するのではなく、複数の企業が提案を持ち寄る必要が出てくる。その上で、理解した顧客に対して、関係するステークホルダーが自律的に動く。もし、他社のサービスが最適であると考えられれば、自社の保有資産にこだわらずに、適切なものを組み合わせることも求められるだろう。このとき、逆に、各ステークホルダーは自身の状態を周りの関係者に正しく伝える必要がある。つまり、顧客理解を深めるために多様なデータを集めるという視点もさることながら、自分自身の状況も高解像度に他社と共有する必要がある。顧客理解のためのデータ、その上でのサービス提供、そのどちらにも必要なものは透明化ともいえる「オープン化」である。

ウィムであれば、ヘルシンキ都市交通局が全面的にサポートして、交通データのオープン化とAPI整備を推し進めたからこそ実現できたサービスであるし、彼ら自身がMaaSの概念を提唱する際の重要な点として、「オープン性」を掲げている。ヘルシンキにおける移動のCX（顧客体験）全体で市民との接点を獲得するためには、地下鉄やバスなどの公共交通のほか、タクシー、レンタカーなどを網羅したサービスを提供する必要があるからだ。利用者にとって、地下鉄のみしか使えないサービス、特定の路線しか使えないサービスでは、都市内の移動を到底カバーできない。現状の定期券と、ウィムのようなMaaSのサブスクリプション型サービスの大きな違いはここにある。他の例を挙げると、スポティファイは、特定のレーベルに縛られることなく、ニッチな楽曲も含めて皆が聴きたいと思う曲を網羅的に揃えている。さらに他媒体へも進出して顧客へ提供するものを豊富化し、音楽視聴以外にも関与するCXの範囲を広げていこうとすらしている。つまり消費者向けビジネス（B2C）では、顧客のニーズを網羅的に満たし、顧客とつながり続けるために「オープン化」が必要である。

事業者向けビジネス（B2B）では、B2Cと違い顧客のニーズは多様ではないため、顧客のCX全体を押さえるためにそこまで網羅的に商材を揃える必要はない。とはいえ、特定の商材に紐付いたサービスではCX全体をカバーすることはできない。顧客の資産管理を効率的に行うに当たって、自社の製品管理しかできないサービスであれば、効率化の効果はわずかであり、管理できる範囲も限られる。それでは顧客に対して十分に価値を提供できない。CX全体で使われ、顧客とつながり続けるサービスになるためには、自社が納入したシステム・機器以外の部分までアクセスできることが必要なので、オープン化の仕組みが必須となる。

発想転換の壁を超える方法論

次に2つの壁を超える方法論について議論しよう。改めて、発想転換の壁を超えるためには、顧客が得る効用を計測し、生産者同士における対価分配の設計の変革が必要である。

(1) 顧客の効用計測と生産者との関係転換

事業者向けビジネス(B2B)であれば、成功報酬型のビジネスを比較的設計しやすい。利用者の効用が計測しやすいからである。ESCOと呼ばれる省エネサービスはまさにこの事例である。ESCOとはエナジー・サービス・カンパニーの略称で、ビルや工場などにおいて、特定の省エネ改修工事を行い、実現された省エネ分を原資に省エネ改修工事の投資を回収する成果報酬型のサービスである。

ESCOにおいては、まずビルや工場のオーナーに対して省エネ診断を実施して、どの程度の省エネが実現できそうかを見積もる。その結果、省エネ改修工事の投資回収年数がオーナーの要求を満たせそうな場合に、オーナーにＥＳＣＯを提案する。ＥＳＣＯにおいてはベースラインと呼ばれる改修工事実施前のエネルギー費用をオーナーと合意し、改修工事後のエネルギー費用との差分をオーナーとＥＳＣＯとの間で分配する。この際の省エネへの貢献は省エネ工事をＥＳＣＯが実施していることから比較的わかりやすいが、ベースラインを作成した年よりも気温や湿度が高かった、ビルの空室率が下がりビル内の活動量が増加した、テナントが自主的に不要な電力消費を抑制した場合など、外的要因や非ＥＳＣＯ要因での変動をどのように規格化するかなどといった細かな設定と合意の積み重ねが必要となる。このような交渉と合意を経て、ＥＳＣＯの収益分配の算定式が決定される。

シグニファイ社のライト・アズ・ア・サービスも同様である。オランダに本社を置くこの企業は、業務向けと一般消費者向けの照明機器を開発・販売する大手メーカーである。彼らは今や法人顧客に向け、照明設備の販売にとどまらず、照明インフラの運用までを請け負うサービス「ライト・アズ・ア・サービス」(4)を提供している。そのサービスの根幹は、インタラクトというＩｏＴプラットフォームである。これは顧客に提供した照明製品から設備稼働情報を取得する。また日照時間、温度等の外部情報も併せて取得し、蓄積する。それによって利用者にとって必要な場所に必要な明るさを提供することができる。機器寿命を予測した保守管理や設備利用状況を「見える化」することで効率的に照明運用を行い、電気代や保守費用といった管理コストを低減することに主眼を置いている。設備導入の初期費用がかからず、電気代の削減額等に応じて報酬を得る「ペイ・パー・ルクス」[5]という料金形態は、効用に対して対価を得る成果報酬型の典型例だ。

一方で、成功報酬のような考え方は、そもそも成功が計測できないと難しい。その中で、消費者向けビジネス（B2C）を中心に広がるサブスクリプションというビジネス形態は、発想を転換させるひとつのきっかけになる。顧客獲得から顧客維持へ、手離れの良い関係から長く切れない関係へ、単価×数量からLTV（顧客生涯価値）へ。このような形のビジネスを少しでも始めてみることで、発想転換のきっかけとなるだろう。実際に、サブスクリプションビジネスでは、新しい損益計算書が必要であるとの議論もある。[6]

(2) 生産者同士の関係転換

サブスクリプション・サービスの代表的な企業であるスポティファイは、利用者からみた革新的要素である「フリーミアム」[7]モデルが脚光を浴びることが多いものの、その肝要は事業者サイドにある。つまり、多くのライセンサー（アーティストやレーベルなどの音楽コンテンツの権利者）と契約をしてコンテンツを調達できるようにした、という契約形態にある。

iTunesなどの従来の音楽視聴サービスでは1曲買い切りが通常であり、その場合のライセンサーとの契約は「1曲売れたらいくら」の形態だった。これは、CDが1枚売れたらいくら、というモノ売り契約と変わらない。それをサブスクリプション・サービスでは「再生数シェア当たりいくら」という比例配分方式に変えた。詳細に説明すると、契約対象のコンテンツの総再生回数を、サービスの全コンテンツの総再生回数で除算した比率（再生数シェア）に印税率をかけ、サービスの売上総額から各種手数料を除いた額をかけ合わせたのが使用料になる。サービス側は、ライセンサーに対してその楽曲のアクセス数に応じた使用料を支払う契約形態になっている。(8)

このような契約形態がライセンサー側にとって現実的なものとなったのも、スマートフォンの普及などの通信技術革新により、オンデマンドでの音楽視聴が途切れずストレスなくできるようになったことが大きい。またスポティファイでは「Ｐ２Ｐ」技術を用い、遅延の少ないストリーミング再生を実現している。

ＭａａＳのウィムも「乗り放題」のサービスを提供しているが、実現の鍵は交通事業者との契約形態にある。彼らは詳細を明らかにはしていないが、独自のナレッジを活用して事前に、都市の中でだれがどの交通モードでどのくらい移動するか、を予測する。そしてその予測に基づいてバスなどの交通事業者に対して運賃を先払いする。ウィムは、その差額を得ることで、収益を得るモデルとなっている。

オープン化の壁を超える方法論

効用を起点に発想転換するだけではａａＳ２・０への変革には不十分である。価値創出自体が自律的に次々と行われていく必要がある。この自律性を担保するには、顧客そして生産者といったステークホルダー自体の情報がより多く共有される必要がある。その上で、指揮命令やオーダーで動くのではなく、情報と原理原則に基づいて自ら動くことが求められる。

（１）高精細なアセット稼働状況の見える化

自社の状況をきちんと把握していない限り、これらを他社と共有することはできない。もしくは、何を共有し何を共有しないかということを峻別することはできない。ウーバーは空いているクルマ、エアビーアンドビーは空いている住居、フレックスは空いている倉庫を活用することで、利用者と面的な接点を生み出すことに成功している。

フレックスとは、分散した小規模の倉庫スペースを活用して、利用者に割り当てるサービスだ。倉庫オーナーは、フレックスから提供される管理ソフトウェアを通じて自分が保有する空き倉庫を登録するだけで良い。そして倉庫を利用したい人はウェブサイト上で条件を入力し、条件にマッチした倉庫をパレット単位でレンタルできる。スマートフォンの普及、センサーの低価格化などを背景に、非効率・非稼働なアセットを「見える化」できるようになったおかげで実現したビジネスモデルである。

これまでは、タクシーや倉庫業のようにリアルアセットに縛られる産業では、一企業が顧客との接点を持ち続けるのは比較的難しかった。タクシー会社を例にとると、利用者は普段使っているタクシー会社の車両が近くにいなければ、他のタクシー会社を使えば良いからである。タクシー配車アプリを複数使っているビジネスパーソンも多いという。Aというアプリでタクシーが捕まらなかったらBというアプリで試す、ということをするためだ。

それが、利用者と非稼働アセットをマッチングするウーバーのようなサービスでは一変する。街中を走る自家用車の全てが、理論上はウーバーに登録可能で、利用者はウーバーを利用するだけで目的地まで移動できる。自家用車さえ多く走っていてスマートフォンが普及している土地であれば、ウーバーは利用者との接点を持ち続けやすい。

これは非稼働（もしくは稼働率が低い）アセットが十分存在していないと成立しない。そして自動化によって従業員数の制約を超え、さらに汎用化、つまりアセットの用途を広げることで稼働率を高めることができる。

自動化×汎用化の例がトヨタのイーパレットだろう。イーパレットは、移動や物流、物販など多目的に利用できるEV自動運転車である。イーパレットが普及した世界では、都市内の全車両の稼働が最適化される。消費者は何も悩まずにイーパレットを配車し、イーパレットが提供するさまざまなサービスを利用できる。イーパレット車両は、移動や生活の各シーンで常につながり続ける存在になれる。

(2) APIや開発基盤の共通化

APIや開発基盤を整備し、サービスのマーケットプレイスを提供するのがひとつのハードルの超え方になる。自社だけでなく、他社製品からも取得できるデータの活用によって生じる成果を顧客に提供するための仕掛けである。コマツやシーメンスの例がそれに当たる。コマツは建設機械シェア世界2位と、商材自体も強く、無料ユーザーもコマツの「ランドログ」プラットフォームに参加が可能で、他社設備機器も接続可能というオープン性を追求した結果、成功している。シーメンスの代表的なサービスであるマインドスフィア[9]も、AWS(アマゾン・ウェブ・サービス)やマイクロソフト社のAzure等のさまざまなクラウドサービスから第三者がアクセスできるようにしている。また、現場のプラントや機械についてプラグ・アンド・プレイ接続が行えるAPIも公開している(注:他社製品を接続したときに、OSやアプリケーションが協調し、その製品の組み込みと設定を自動的に行う仕組み)。そのおかげで、従来必要だったシーメンス製の専用コネクタが不要になり、さまざまな企業がマインドスフィアと接続できる機器を開発しやすくなった。

（3）トライアル・提案の自動化

自律的な価値創出とは、入念に計画して常にヒットを創出するといったやり方ではない。常に試行錯誤し、失敗を重ねながら次第により受け入れられる価値を創出するようなやり方である。機械学習モデルで学習するたびに精度が上がるように、また新規事業が一度でうまくいくことが少ないように、いかなるサービスであってもいきなり利用者に最適な提案をできるようになるわけではない。一部の天才を除き、何度も提案し、トライアルし、徐々に提供創出の精度を高めていくのが正攻法である。

価値提案を完全に自動化できている例は数少ないが、いかに多くトライアルするか、という点ではアジャイルという開発手法が参考になる。アジャイルとは、優先順位の高いものから詳細を定め、全てを確定させる前に動き出し、改善をしながら進める手法のことだ。最小単位で設計、実装、テストし、稼働するプロダクトを短期間で作成し、リリース後に短サイクルで改善することで顧客により良い価値を提供できるサービスをつくっていく。モバイルバッテリーやケーブルなどを製造するアンカー社[10]は面白い例だ。アンカー社では、アマゾンや自社サイトでのユーザーレビューや不具合報告が、開発や品質管理の部門とリアルタイムで共有されている。そのため、市場調査等を入念に行うのではなく、仮説をもとに製品をつくって、ユーザーの反応が良ければそこからスペックやカラーバリエーションなどを多様化していくのである。

（４）利用者との共創

利用者との共創は、（３）と目的は同じである。つまり、顧客にとっての効用を正しくとらえて、価値提供をいかに多く、自動で行うかを志向する方法論になる。全日空が取り組んでいる「Ｊｏｕｒｎｅｙ＋」[11]というサービスが参考になるだろう。企業や個人が、課題解決を行うための旅行の企画を行い全日空に提案する。それを受けて全日空が旅の手配を行う。もしくは、企業や個人が課題解決したいことを全日空に提案し、全日空が旅行の企画と手配を行う、というサービスだ。「旅」によって得られる効用は、旅をする人によって多様である。ときに、リフレッシュのためであり、新しい出会いのためである。また、受け入れる地域にとってもその効用はさまざまだろう。直接的に経済効果があるというだけでなく、新しい文化との交流が地域全体を活性化するということもありうる。このサービスは、「旅」の効用を利用者とともに明確にとらえなおし、それに基づき「旅」自体を企画する取り組みである。

もしくは、ユーチューブライブでの「投げ銭」に代表される「Pay what you want（自分が支払いたいと思う金額を払う）」という手法も一種の共創かもしれない。利用者自身が効用を数値化してくれる、というメリットがある。それによってサービス側は、どのようなコンテンツがだれにどの程度の効用を与えたのかを判断することができる。

ハードルを超えやすい産業／超えづらい産業

前述の2つのハードルを考えた際、本当に全てのビジネスがａａＳ２・０まですぐにたどり着くのかといえば疑問符がつく。というのも、産業や従来の業態によって、ハードルの超えやすさに違いがあるからだ。

ａａＳ化の萌芽事例（ａａＳ１・０）とみられるサービスはほとんどの産業で観察される。ポイントは、そのビジネスモデルが今後拡大可能か、持続可能かどうかが、産業全体でのａａＳ２・０化のしやすさの度合いを定めるということである。

オープン化の壁は、自社が保有するアセット（物理的な固定資産）に縛られるビジネスでは超えづらい。たとえば不動産、小売業（食料）、交通産業である。他方、限界費用が低いビジネスは壁を超えやすい。たとえば娯楽・文化、通信産業である。だからこそＳａａＳに代表される限界費用が低い産業からａａＳ化は進展してきている。ハードルを超えづらい産業でも、ａａＳ化の事例は多くみられるようになってきているが、技術革新や規制緩和がない場合や、アセットが非常に高価な場合などは、アセットを保有する主体（不動産、鉄道会社等）が引き続き競争力を持ち、ａａＳ２・０化は進展しづらい可能性がある。

発想転換の壁は、データが取得しやすいビジネスは超えやすい。たとえば、オンライン・デジタルサービスで、代表的なものは娯楽・文化産業である。また商材が高価、もしくはワンショットの事業規模が大きい産業であれば、センサー取り付けの相対的費用が低く、データを取得しやすい。建設財、耐久消費財産業がこれに当てはまる。

他方、効用が定量化しづらいビジネスは発想転換の壁を超えづらい。娯楽・文化産業（前述のようにデータは取得しやすいが、効用は計測しづらい）、保健・医療産業、家具・家事用品産業などがそれに当たる。データの取得まではできるものの、いかに効用を計測するか、という点が難しい。

2つの壁のうち、オープン化の壁については、さまざまな産業でそれを超える流れがすでに起こっている。多くの産業でマルチサイドプラットフォーム型のビジネスや、コンソーシアムの創立、プラットフォーム間の連携が進みつつあることはその表れである。

他方、今まさに多くの産業で発想転換の壁を超えようとする動きがみられる。デザイン思考におけるプロトタイピングやアジャイル開発によるトライアンドエラーの新規ビジネス創出、カスタマー・エクスペリエンス・マネジメントによる顧客の体験・効用の管理、提案の自動化が注目されているのも、その証左であろう。

第6章

デジタル時代の新たな経済社会指標

多くの国で上昇傾向にある生活満足度

ここまでデジタルが産業構造や企業活動に及ぼす影響を議論してきた。本章からは視点をマクロに移し、国や地方がデジタル化にどう向き合い、そのインパクトをどのように取り込んでいくべきかについて議論していきたいと思う。その端緒として、本章ではＮＲＩが提案するデジタル資本主義時代の新しい経済社会指標案について論じる。産業資本主義の代表的な評価指標がＧＤＰ（国内総生産）であるのに対して、デジタル資本主義時代の評価指標はどうあるべきかを示す。

本書の冒頭で日本はＧＤＰ成長率が低迷しているにもかかわらず、日本人の主観的な生活満

図表6-1　EU主要国の生活満足度の変化

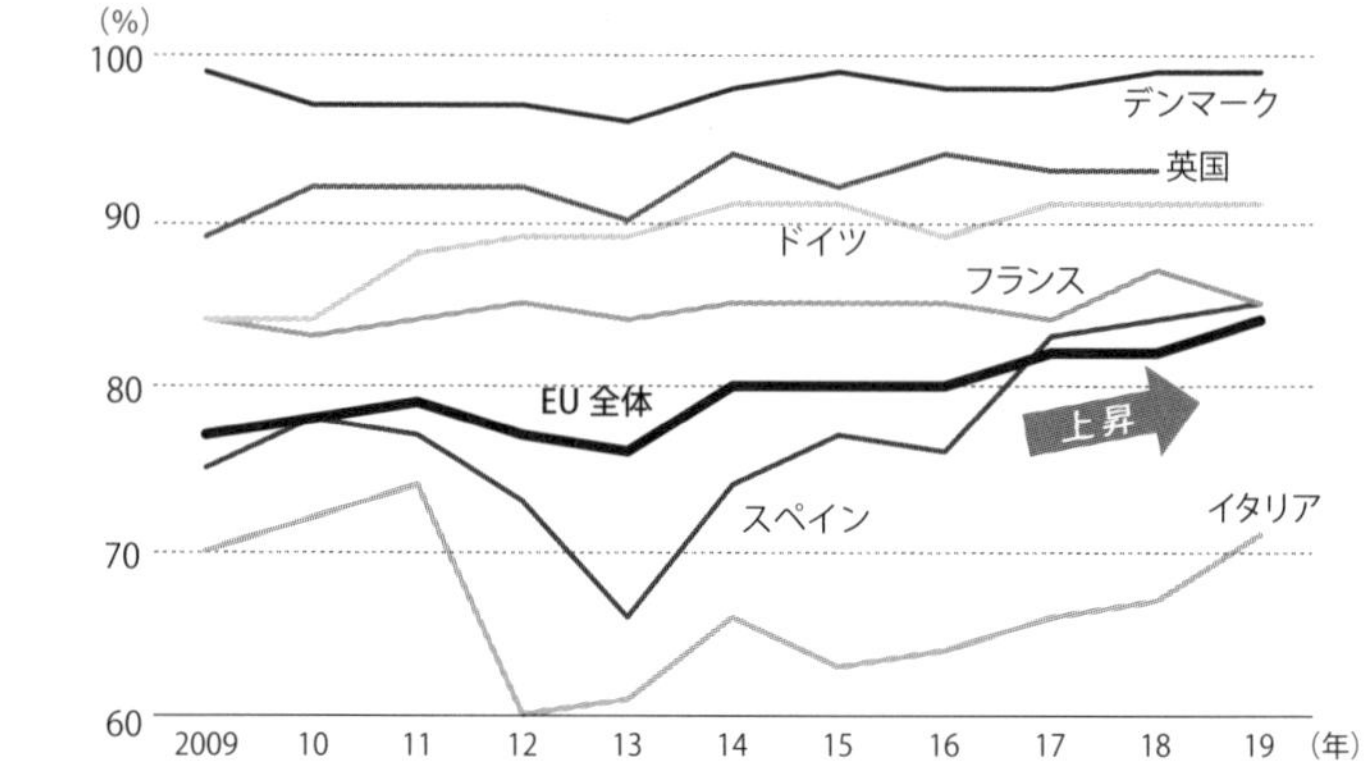

（出所）欧州委員会「ユーロバロメーター」（2019年）より。「大変満足」＋「まあ満足」の比率

足度は２０００年代末から上昇していることを示した。２０００年代後半といえばリーマンショックを契機とした世界経済危機を思い浮かべがちではあるが、実はもうひとつのビッグイベント、ｉＰｈｏｎｅが発売されたのが２００７年であった。スマートフォンはまたたくまに全世界に広がり、２０１７年には利用台数は40億台を超え、日本でも全世帯の70％以上が保有するに至っている[1]。

スマートフォンやインターネット上では、無料もしくは極めて安価に利用できるアプリが無数に存在し、我々の生活の利便性をさまざまな形で高めてくれている。そしてそれらは、ＧＤＰでは捕捉できない消費者余剰の拡大という形で表れている。

デジタル技術による消費者余剰の拡大と生活満足度は日本だけに限らない。図表６－１には

ＥＵ主要国における生活満足度の推移を示している。２０１２～13年にイタリアやスペインなどでは大きな落ち込みがみられるものの、ＥＵ全体の生活満足度は少しずつ上昇し、英国、ドイツでも生活満足度は少し上昇している。ＥＵも経済成長率や失業率といった経済指標では日本と同様低迷を続けているのだが、人々の生活満足度にはその影響は表れていないかのようである。

この結果は、多くの人の直感に反するものかもしれない。ハンス・ロスリングは、世界的ベストセラーになった『ファクトフルネス』の中で、人間が持つ10の思い込みの1つとして「ネガティブ本能」を取り上げている。ロスリングらは、世界30か国の人々に「世界はどのように変化していると思うか」という質問を投げかけたところ、30か国全てにおいて「どんどん悪くなっている」と回答した人の比率が50％を超えていたのである。(2) すると日本やＥＵにおける主観的な生活満足度の上昇はどう説明したら良いのだろうか。

ネガティブ本能は自分自身の生活満足度には影響しないのだろうか。あるいは世界に対するネガティブな印象が、自身の生活に対するポジティブな感情につながっている可能性すらある。つまり、日々のニュースによれば世界では紛争や事件、自然災害が頻発しているようだが、自分の住んでいる町や我が家はそれに比べれば非常に恵まれている、という相対的な意味での生活満足度向上である。

「世界」に対する人々の意識の変化も関係しているだろう。仮に50年前に同じ質問を投げかけられたら、多くの人々が自分の町や地域のようなかなり狭い地理的領域を「世界」として考えたであろう。そうすると「世界に対する印象」と「自分の生活満足度」は同じ方向を向くことになる。しかしこれだけ世界中の情報が流通するようになると、いやでも地球の裏側のニュース（どちらかといえばネガティブなものが多い）が耳に入ってくるため、世界と自分が乖離し、世界に対する悪い印象と自分の生活水準向上が両立してしまうのかもしれない。

ＧＤＰの限界と批判

所得の多寡だけで人間の生活満足度あるいは幸福度を説明できないことは昔から指摘されてきた。バートランド・ラッセルは『ラッセル幸福論』のなかで、お金はある一点までは幸福を増大させるのに役立つが、その一点を超えると幸福を増大させるとは思えない[3]、と述べている。経済学者リチャード・イースタリンは、①所得水準が高い国の人々は低い国の人々よりも幸福度が高いのか、②ある国の平均所得が上がるとその国民の幸福度は高くなるのか、をデータから分析し、両者ともに関係性は低いと結論づけた[4]（これは「イースタリンのパラドクス」と呼ばれている）。イースタリンは、国民所得は「経済的な福祉」水準を表す指標であるが、それよりも広い概念である「社会的な福祉」水準を表す指標ではなく、経済的な福祉水準が上がったとしても、社会的な福祉水準が上昇するとは限らない、と主張した。

イースタリンの論文をきっかけにして、社会学者や経済学者による所得と幸福度（あるいは生活満足度）の関係についての研究が進み、これ以上所得が増えても幸福に影響を及ぼさなくなる飽和点はどこなのか、あるいはそもそも飽和点などないのではないかといった論争が繰り広げられている。[5]

ＧＤＰ（当初はＧＮＰと呼ばれていた）[6]の生みの親であるサイモン・クズネッツ自身も、ＧＤＰへの過信には警鐘を鳴らしている。１９３４年に出版したレポート[7]の中で「定量的な計測をすると、評価対象を正確かつシンプルに捕捉できたと誤って評価することがたびたびある。国民所得の計測はこの手の幻想と誤用にさらされやすいものだ」と述べている。クズネッツは国民の福祉水準を表す指標として国民所得統計を開発しようとしていたが、自身の意図に反して、第二次世界大戦の足音が聞こえてくる時代背景の影響を受け、ＧＤＰは国力・軍事力を測る指標としての色合いが強くなってしまったのである。

ＧＤＰはそもそも量の多寡を評価する指標で質の評価が苦手である。また生活満足度や幸福度のような主観的な側面を計測することを意図していない。Ｊ・Ｆ・ケネディの弟で同政権の司法長官を務めたロバート・ケネディは「ＧＤＰは機転も勇気も計測しない。知恵や学び、共感、そして国への献身も計測しない。端的にいえば、ＧＤＰは人生を意義深くしてくれるものを何も計測してくれない」と指摘している。

そして第１章から述べているように、デジタル化によってＧＤＰと人々の生活満足度／幸福度の乖離がどんどん加速しているのである。英国ではある女性の発言が注目を浴びている。2016年、ブレグジット投票（英国のEU離脱に関する国民投票）を控えた時期に、親EU派の議員が、ブレグジットがいかに英国のGDPを低下させるかについてスピーチしていた。すると会場にいたある女性が「それはあんたらのGDPだろ、我々のじゃないよ」とヤジを飛ばしたのである。この発言はメディアで大きく取り上げられ、統計専門家の間でもGDPの限界を議論する際に頻繁に引用されるに至っている。(8) 庶民の感覚とGDPの乖離こそが最大のGDP批判であろう。

スティグリッツ委員会と「ウェルビーイング」

2008年、当時のフランス大統領ニコラ・サルコジは、GDPという経済指標が国民の福祉水準を表す指標としては不十分であるという認識のもと、ノーベル経済学賞を受賞したジョゼフ・スティグリッツ、アマルティア・センなど著名な経済学者を集めて「経済パフォーマンスと社会の進歩の測定に関する委員会（通称スティグリッツ委員会）」を立ち上げた。2009年には議論の内容がレポートとして公表された。

同レポートは、GDPのさまざまな限界を指摘するとともに、これまでの経済政策の考え方を根本から覆すような提言も行っている。それが「生産からウェルビーイングへ」の重点の移

図表6-2　ウェルビーイングの構成要素

1. 物質的生活水準（所得、消費、富）
2. 健康
3. 教育
4. 個人的活動（仕事含む）
5. 政治的な自由度と統治
6. 社会的なつながり、関係性
7. 環境（現在および将来）
8. 経済的・身体的な安心感

（出所）"Report by the Commission on the Measurement of Economic Performance and Social Progress", pp.14-15

行である。GDPが一国の生産状況を計測した指標であるのに対して、スティグリッツらは、これからは国民の「ウェルビーイング」の計測に重点を置くべきだと提言している。同レポートは、ウェルビーイングを図表6-2に示した8項目を含む多面的な概念だと定義している。

スティグリッツらは、同レポートの目的は何を計測すべきかの提言であって、どんな政策を行うべきかの提言ではない、とクギを刺しているものの、このレポートは国の政策に関する価値観を転倒させたと言っても過言ではない。つまりこれまでの産業資本主義ではGDPの最大化こそが政策目的であったのに対して、これからは国民のウェルビーイングの計測とその最大化を目的とすべきであること、そしてGDP（あるいは国民所得、消費）はそれを達成する手段のひとつに過ぎないと主張しているのである。

これまでも、一部の経済学者やブータン政府などが国民の幸福度最大化を政策の最優先事項にすべきだと主張してきたが、世界的に受け入れられたとはとてもいえなかった。それに対して、スティグリッツらノーベル経済学賞受賞者がウェルビーイングへの価値転換を提言したこと、また「幸福（ハッピネス）」という刹那的な満足度ではなく、持続的な幸福を意味する「ウェルビーイング」という概念を持ち込んだことが、近年のサステナビリティの議論とあいまって、急速に支持者を増やしている。

たとえば経済協力開発機構（ＯＥＣＤ）は、主観的ウェルビーイングの推計ガイドラインを発表した。カナダ、オーストラリア、英国では政府あるいは民間部門が国民のウェルビーイングを計測し始めている。さらにニュージーランド政府は、２０１９年5月に世界で初めて「ウェルビーイング予算」なるものを策定し、国民のウェルビーイング向上を政策の最優先事項とすることを宣言した。

「ビヨンドGDP」指標開発の歴史

スティグリッツ委員会の前にもＧＤＰを代替・補完する新指標の議論は数多く行われている。いわゆる「ビヨンドＧＤＰ」（ＧＤＰのその先へ）と呼ばれる議論で、古くは１９７０年代に遡る。経済学者のマーク・フルールベアとディディエ・ブランシェットによる分類を用いてそ

図表6-3　ビヨンドGDP指標開発の歴史と代表例

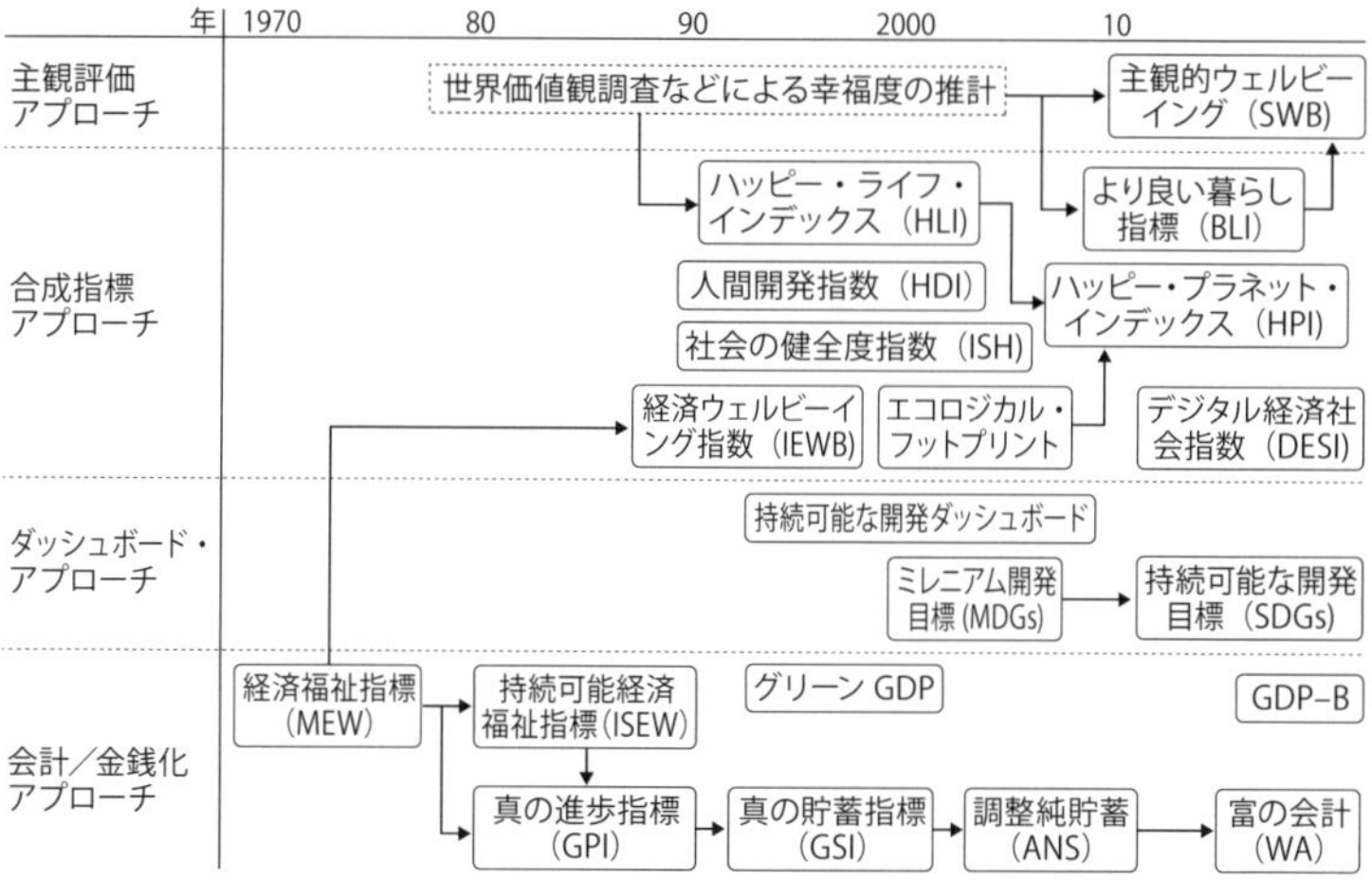

（出所）Didier Blanchet & Marc Fleurbaey "Beyond GDP" よりNRI作成（一部加筆）

の歴史を概観してみよう（図表6－3）[9]。

（1）会計／金銭化アプローチ

会計／金銭化アプローチの代表例は、1972年にジェームズ・トービン、ウイリアム・ノードハウスによって提唱された「経済福祉指標（MEW）」である。トービンらは、GDPが人間の福祉水準を表していないこと、また人類が未来にわたってどの程度消費し続けられるのかについての情報も提供してくれないという問題意識を持っていた。そこでGDPを出発点として、人間の福祉を改善する要素をプラスし、福祉に悪影響を及ぼす項目をマイナスすることで、より福祉水準を表す指標をつくろうとしたのである。

たとえば、余暇の価値と家事労働の価

値を金銭換算してプラスするのと同時に、道路メンテナンス、警察、国防といった政府支出を福祉水準改善のためのコストとして差し引く。また都市化に伴って発生する「不快」、たとえば通勤や空気の汚染などについても金銭換算して、それを差し引くといった修正を行い算出されるのが経済福祉指標である。[10] このように、GDPや既存の経済統計を出発点にしながら、環境面や余暇など市場で取引されていない要素について金銭換算して足し引きするアプローチは、「真の進歩指標（GPI）」などに引き継がれていく。また後で詳しくみていくが、MIT（マサチューセッツ工科大学）の研究チームを中心に提唱されている「GDP-B」は、デジタル・プラットフォームが生み出す膨大な消費者余剰を金銭化し、GDPに付加するということで、金銭化アプローチのひとつとみることができる。

（2）合成指標アプローチ

金銭換算にはこだわらず指数・指標をつくろうとするのが「合成指標アプローチ」である。たとえば国連開発計画（UNDP）が1990年代から作成している人間開発指数（HDI）では、国別・地域別に健康、教育、所得に関わる統計を合成指数にしている。人間開発指数は、ノーベル経済学賞を受賞したアマルティア・センの主張したケイパビリティ・アプローチを基礎としていて、第2章でも紹介した概念である。[11]

センは、人々がお金などの資源を持っているだけでは高い福祉を達成できるとは限らず、その資源を活用するためのケイパビリティにも着目すべきであることを指摘した。身近な例でいえば、子供に自転車（資源）を渡すだけでは不十分で、その乗り方（ケイパビリティ）を教えなければ宝の持ち腐れだということである。これを経済全体に当てはめると、国民が所得や財産を保有しているだけでは不十分で、それを活用するためのケイパビリティ、つまりお金の有効な使い方や保有している財を使いこなせる能力にも着目すべきだというのがケイパビリティ・アプローチの主張である。人間開発指数では、ケイパビリティの代表として健康と教育を取り上げ、平均寿命や平均通学年などの統計と、所得データを組み合わせることで、国別・地方別に合成指数を作成している。

（3）主観評価アプローチ

もうひとつの非金銭アプローチとして「主観評価アプローチ」がある。これまでにも国民の幸福度などの主観的な感覚を指数化しようという試みはあったが、それらはいずれも客観的指標を中心に指数化されていた。たとえばOECDが2011年から作成している「より良い暮らし指標（BLI）」では、雇用率、平均寿命、国民1人当たり部屋数、投票率など客観的に取れる統計データから合成指数をつくり、この指数が高い国の国民ほど幸福度が高いであろうという前提に立って指標を作成している。

「より良い暮らし指標」の中には、生活満足度といった主観的な項目も含まれているが、

ＯＥＣＤは、前述したスティグリッツ委員会のレポートを受けて、各人へのアンケート調査による「主観的ウェルビーイング（ＳＷＢ）」の計測にも注力している。ＯＥＣＤのガイドラインによれば、主観的ウェルビーイング計測のための中核的質問として、生活満足度、生きがい（やりがい）、幸福度、不安感、精神的な落ち込み、の５つを聞くことになっている。

(4) ダッシュボード・アプローチ

(1) から (3) までのアプローチが、金銭／非金銭にかかわらずひとつの指標を作成しようとするものだったのに対して、ダッシュボード・アプローチとは、指標の単一化にこだわらず、複数の指標を同時にみながら経済社会を俯瞰的に把握しようとするアプローチである。自動車のダッシュボードには、速度計だけでなく燃料計、タコメーターなど複数の計測器があって、ドライバーはそれらを総合的にみながら車の運転をすることから、このアプローチは、ダッシュボード・アプローチと呼ばれている。

ダッシュボード・アプローチの代表例は、２００１年に国連によって策定された「ミレニアム開発目標（ＭＤＧｓ）」と、その後継として２０１５年に採択された「持続可能な開発目標（ＳＤＧｓ）」である。ＳＤＧｓでは貧困、飢餓、保健などの17の分野に１６９のターゲットと２３２の指標が設定されていて、国連加盟国は２０３０年をめどにそれらの目標を達成することが求められている。

デジタルに焦点を当てた「ビヨンドＧＤＰ」指標

さまざまなビヨンドＧＤＰ指標の中には、経済・社会のデジタル化に焦点を当てたものがある。その代表例が、ＭＩＴの研究チームが中心となって進めている「ＧＤＰ-Ｂ」、そして欧州委員会が作成している「デジタル経済社会指数（ＤＥＳＩ）」である。以下、この２つの指標についてみていきたいと思うが、これらの指標はＧＤＰを廃棄・代替するというよりは、ＧＤＰを尊重しつつそれを補完しようとしていることから、厳密にいえば「ビヨンドＧＤＰ」（ＧＤＰのその先へ）というよりは「ＧＤＰ＆ビヨンド」（ＧＤＰとそれを補うもの）と呼ぶ方が適切であろう。

(1) ＧＤＰ-Ｂ：デジタルが生み出す消費者余剰を推計する

ＭＩＴのエリック・ブリニョルフソンを中心とする研究チームは、デジタルが生み出す消費者余剰を金銭換算し、それをＧＤＰに付加する「ＧＤＰ-Ｂ」というコンセプトを提唱している。Ｂはビヨンド、あるいはデジタルが生み出す便益（ベネフィット）を表しているとのことだが、これはまさに第１章で説明した生産者余剰と消費者余剰の和を計算しようとしていることになる。

ブリニョルフソンは、ＳＮＳや検索サービスなど無料のデジタルサービスが生み出す価値に以前から注目していた。これらの無料サービスは無料だからといって価値がゼロではなく、むしろ莫大な価値を生み出していて、それは１００％消費者余剰という形で存在していると指摘している。[12]

ブリニョルフソンらの研究チームは、米国とオランダで、有料・無料のデジタルサービスが生み出している消費者余剰を推計しそれをＧＤＰに加えている。[13] その対象例がフェイスブックである。米国のフェイスブックユーザーに対してフェイスブックの利用を１か月諦めるために必要な受入意思額を聞いたところ、その中央値は、２０１６年時点で42ドル／月であった。[14] これを米国のフェイスブックユーザー全体にあてはめて消費者余剰を推計しＧＤＰに付加すると、米国のＧＤＰ成長率は年率で０・05〜０・11％押し上げられる。つまりフェイスブックが生み出す消費者余剰を考慮すると、米国の「ＧＤＰ‐Ｂ」成長率は、ＧＤＰ成長率よりも０・05〜０・11％高いということになる。

オランダでは、ユーザー数が多い複数の無料デジタルサービスを対象にして、ユーザーが１か月間それらのサービス利用を諦める対価（受入意思額）を調査した。それによれば、メッセージングアプリ「ワッツアップ」が５３６ユーロ（約７万円）で最も大きく、フェイスブックが97ユーロ（約１万３０００円）、デジタル地図アプリが59ユーロ（約８０００円）となっている（全て中央値）。メッセージングアプリに対する価値がずば抜けて高いのだが、これは本研究の対象が学生に偏っているためである。一般的に、若者は中高年よりもこれらのデジタルサービスに対する主観的な価値が高く、特にメッセージングアプリは生活必需品になっている

図表6-4　主要なデジタルサービスが押し上げるオランダのGDP-B成長率

	ユーザー数1,000万人と想定した場合のGDP成長率の押し上げ度合い（%）	ユーザー数200万人と想定した場合のGDP成長率の押し上げ度合い（%）
ワッツアップ	4.10	0.82
フェイスブック	0.50	0.11
デジタル地図	0.34	0.07
インスタグラム	0.07	0.01
スナップチャット	0.02	0.00
リンクトイン	0.01	0.00
スカイプ	0.00	0.00
ツイッター	0.00	0.00
計	+5.04	+1.01

（出所）Erik Brynjolfsson他 "GDP-B: Accounting for the Value of New and Free Goods in the Digital Economy"

のである。

これらの中央値はユーザー1人当たりの数値なので、ユーザー全体の消費者余剰合計を計算する。そしてそれをGDPに足し合わせることでGDP-Bとし、オランダのGDP成長率とGDP-B成長率の差をみたのが図表6-4になる。オランダの総人口1700万人に対して、ワッツアップをはじめとした主要サービスはすでに1000万人のユーザー数を獲得しているのだが、前述したように、本研究は学生を対象に行っていることから、オランダの若者人口200万人（右）のケースでも推計している。

推計結果によれば、オランダのGDP-B成長率は、ユーザー数1000万人を想定した場合にはGDP成長率よりも5%高くなり、ユーザー数200万人のケースでも1%高くなる。2017年のオランダのGDP成長率は3・2

%であるから、単純に考えればGDP-B成長率は8・2%ないしは4・2%だったという結果になる。

この研究で留意すべきは、全てのデジタルサービスを対象としているわけではないことである。これ以外にも検索サービスや有料・無料のデジタル動画／音楽配信サービスが生み出す消費者余剰も存在していることから、彼らが推計しているGDP-Bはまだ全貌を表していないことになる。実際、MITの研究チームは、GDP-Bの捕捉範囲を拡大すべく、他のデジタルサービスだけでなく物理的な財・サービスが生み出している消費者余剰にまで推計範囲を広げようとしている。[15]

(2) EUのデジタル経済社会指数(DESI)

欧州委員会(EU)は、加盟国がどれだけデジタル化しているかを評価するために、2014年より「デジタル経済社会指数」(DESI:Digital Economy and Society Index)を作成・公表している。DESIは大きく「コネクティビティ」「人的資本」「インターネットサービス利用」「デジタル技術の活用」「デジタル公共サービス」の5項目から構成されている。

「コネクティビティ」は、各国におけるブロードバンド通信範囲などの指標を、「人的資本」は国民の基本的なデジタルスキルや情報通信分野の専門家数などを、また「インターネットサービス利用」はニュース、音楽、動画、オンラインショッピング等の利用度を指標として用い

図表6-5　EU加盟国（抜粋）のデジタル経済社会指数（DESI、2019年）

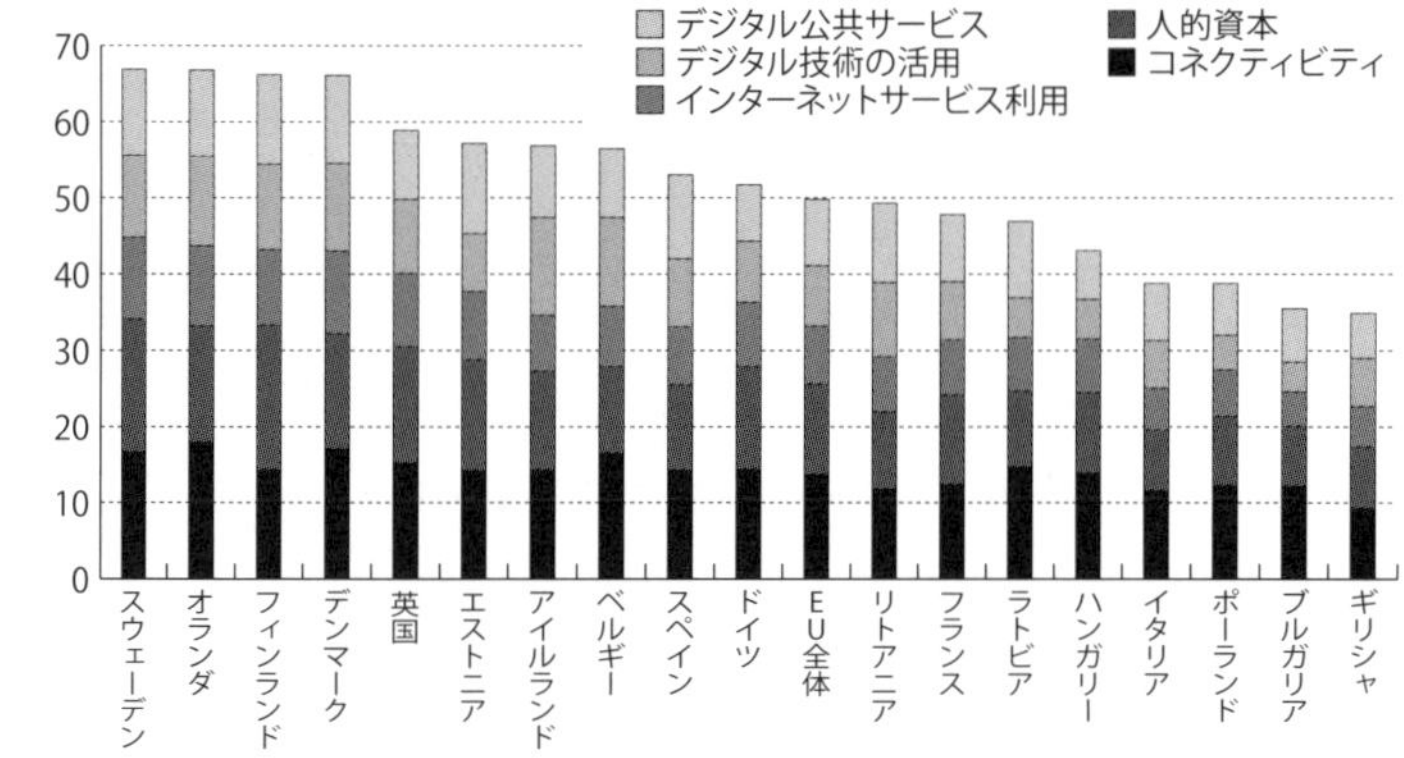

（出所）EUのHPよりNRI作成

ている。「デジタル技術の活用」は、企業のクラウドサービス利用や、中小企業がどのくらいオンライン販売をしているかなど、企業のデジタル利用度を指標にしている。「デジタル公共サービス」は電子政府の利用者数や企業向けのデジタル公共サービスの整備度などが指標として使われている。

図表６－５が２０１９年におけるＥＵ加盟国（抜粋）のＤＥＳＩである。このスコアが高い国ほどデジタル化が総合的に進んでいることになる。上位にはスウェーデン、オランダ、フィンランド、デンマークなど北欧を中心とした国が並んでいて、反対にギリシャ、ブルガリアなどのスコアは低い。

先ほど紹介したように、ＥＵは毎年加盟国の国民の生活満足度についても公表していることから、各国のＤＥＳＩとその国の国民の生活満

図表6-6　EU加盟国の生活満足度とデジタル経済社会指数(DESI)

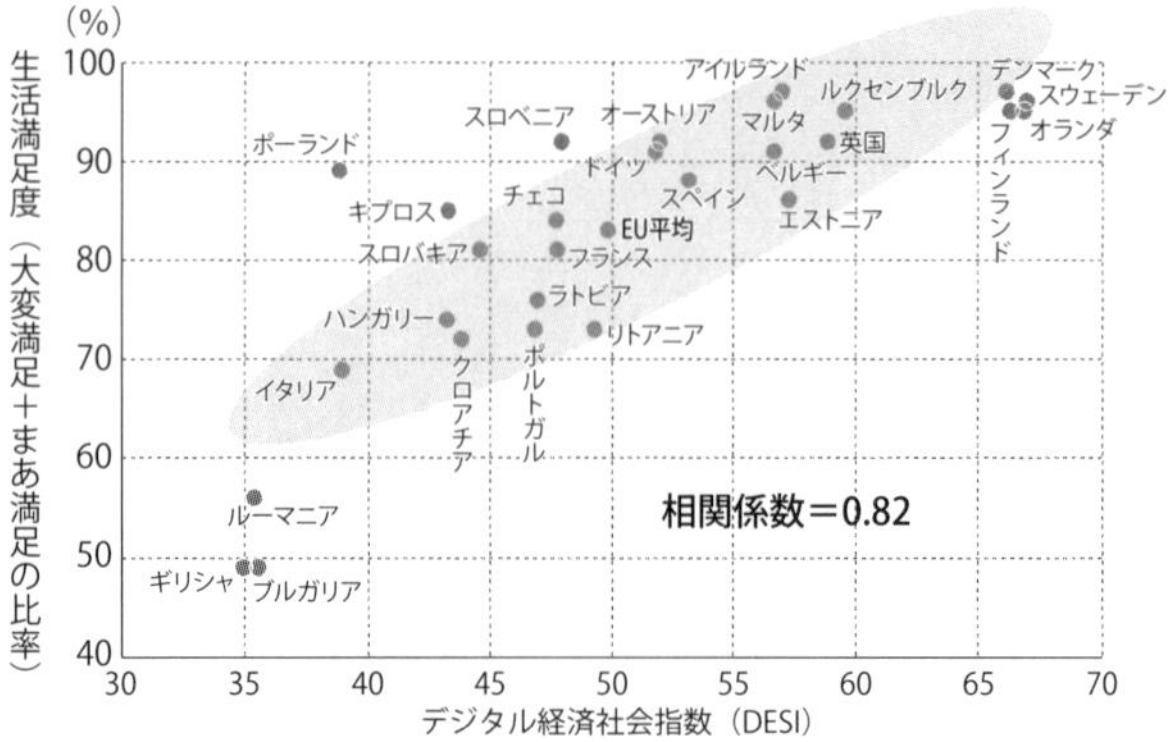

（注）生活満足度と1人当たりGDPの相関係数＝0.62。
（出所）生活満足度は欧州委員会「ユーロバロメーター」より（2018年の数値）、デジタル経済社会指数は欧州委員会HPより（2018年の数値）

足度との相関を分析してみた。

図表6―6にＥＵ加盟国のＤＥＳＩと生活満足度の関係を散布図で示しているが、生活満足度とＤＥＳＩの相関係数[16]は0・82と非常に高く、デジタル指数の高い国の国民の方が生活満足度が高い傾向にある。他方、生活満足度と各国の1人当たりＧＤＰの相関係数は0・62であり、こちらも数値は高いのだがＤＥＳＩには及ばない。あくまで相関関係でしかないけれども、国民の生活満足度をより良く表しているのは所得水準ではなく、デジタル経済社会指数（ＤＥＳＩ）だということになる[17]。

デジタル資本主義時代のあるべき経済社会評価

ここまでは「ビヨンドGDP」の歴史的な潮流や、世界の著名な研究者らによる取り組みを紹介してきたので、次に我々がデジタル資本主義時代のあるべき経済社会評価をどう考えているのかを紹介しよう。その基本的な考えをまとめたのが図表6-7である。一言でいえば、物質的充足度だけでなく精神的充足度も考慮できるような指標を構築すべき、ということに尽きる。

産業資本主義では横軸の物質的充足度を高めることに重点が置かれていて、その代表的な指標であるGDPが増えれば、人々の福祉水準も高まると考えられてきた。しかし、スティグリッツ委員会や多くの有識者が指摘しているように、特に先進国においては、物質的充足度だけでは必ずしも人々のウェルビーイングにはつながらない。また地球環境問題や持続的な経済社会の発展を考えれば、工業製品をむやみやたらに生産し続けるべきではないことも明らかである。

さらに言えば、デジタル資本主義においては、梅棹忠夫が述べているところの「精神の産業化」が前面に出てくるだろう(18)。第3章から5章では、産業のaaS化によって価値獲得の視点がモノから利用、そして効用に移行しつつあることを示したが、これは資本主義のベクトルが右上に向きを変えつつあることを意味しているのだ。

図表6-7　デジタル資本主義時代のあるべき経済社会評価

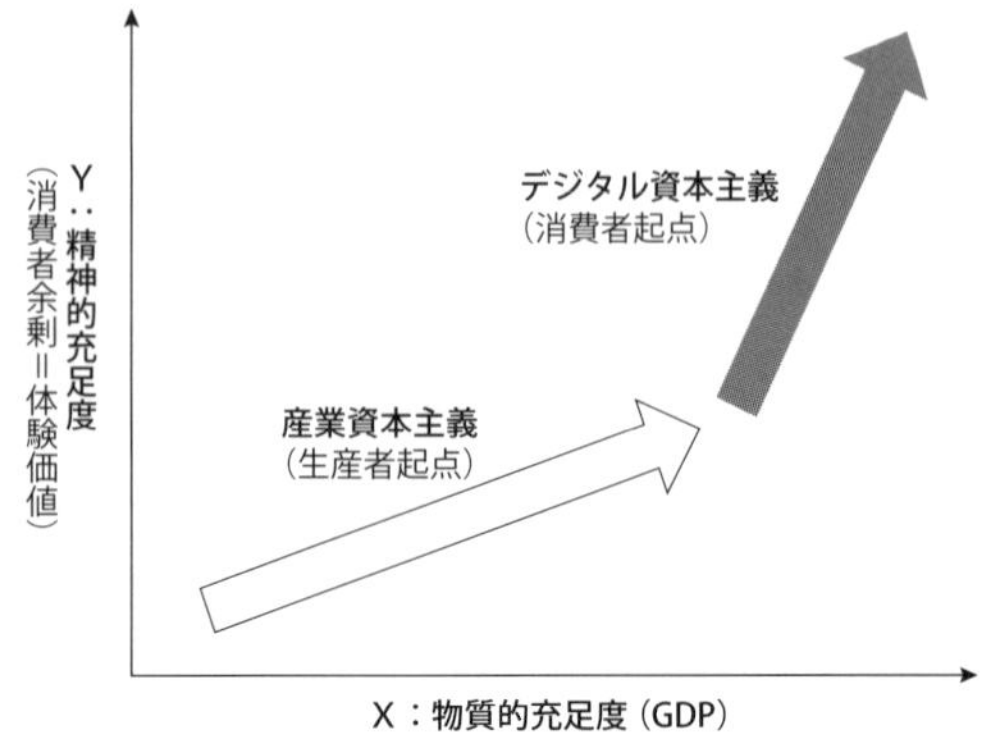

（出所）NRI

ウェルビーイング、幸福、効用、消費者余剰

これまで本書ではウェルビーイング、幸福、効用、消費者余剰、という言葉を特に説明なく使い続けてきたが、これらの言葉の意味は必ずしも同一ではなく整理が必要であろう。4つの概念のうち最も包括的な概念は「ウェルビーイング」である。しかしこのウェルビーイングという概念も一筋縄ではいかず、ウェルビーイングの解釈は①医学的アプローチ、②快楽的アプローチ、③持続的・幸福的アプローチの3つがあると言われている[19]。身体的、精神的に健康であることをウェルビーイングだととらえるのが医学的アプローチであり、喜びの感覚がどのくらい心を占めているかに着目するのが快楽的アプローチである。それらに対して、「人生に意

義を見出し、自分の潜在能力（ケイパビリティ）を最大限に発揮している状態[20]」をウェルビーイングととらえるのが持続的・幸福的アプローチで、前述したスティグリッツ委員会、そして本書ではこの視点からウェルビーイングを定義している。

それではウェルビーイング＝幸福なのかというと、これもそう単純ではない。幸福という概念も一筋縄ではいかず、これだけで何冊もの本が成立してしまうような言葉なのだが、本書では2つの概念に言及するにとどめる。ひとつは英語でいうところの「ハッピネス」、もうひとつは古代ギリシャ由来の「エウダイモニア」である。ハッピネスは今この瞬間あるいは刹那的な幸福感を意味するのに対して、エウダイモニアは持続的な幸福を指す。ゆえにウェルビーイングとエウダイモニアは意味が極めて近いと言ってよいだろう。

エウダイモニアは、「エウ（良い）」「ダイモン（神的な存在）」、つまり良き神的な存在に見守られている状態という意味が転じて、幸福あるいは良く生きている（Live well）という意味を持つようになった。アリストテレスは『ニコマコス倫理学』の中で、エウダイモニアとは、それ自身として望ましく、無条件的、究極的に追求するに値するもの＝最高善だと述べていて[21]、人間の究極的な卓越性である「最も善き魂」による持続的な活動によって成し遂げられるとしている。つまりエウダイモニアとは、偶然や幸運とは違い、あくまで各人の善き行動（well-doing）を通じて得られる良い状態（well-being）なのであって、善きことを1回きりではなく実行し続けることが必要というようなニュアンスが含まれている。

次に効用（ユーティリティ）という言葉について考えてみよう。この言葉が市民権を得るのはビクトリア朝時代（19世紀）の英国で、当時の経済学者が効用という概念を人々の幸福、あるいはウェルビーイングを表す尺度として取り上げるようになった。彼らは、人々の行動の結果は全て快楽（＋）か苦痛（－）に分類されると考えた。そしてそこから、合理的な人間は自身の効用を最大化するように行動するという経済理論が構築される。そこでは効用を計測した上で「最大多数の最大幸福」を実現することが政策の目的になるのだが、効用（功利）主義は根強い批判にもさらされている。効用は計測・比較不可能だという批判や、「ハーバード白熱教室」で有名なマイケル・サンデルが述べているように、効用を人間の全ての活動領域に適用することは道徳的に不適切だという批判である。[22]

我々もサンデルの批判には同意する。つまり効用あるいは消費者余剰という概念は、人間のすべての活動領域に適用すべきではなく、いわゆる「経済活動」の中での限定的な概念とすべきである。[23] そこで本書では、効用あるいは消費者余剰という概念はウェルビーイングの一部であるという認識のもと、経済活動の中で顧客が得る満足度という意味に限定して用いている。

デジタル時代の新指標案1：GDP＋i（GDPプラスアイ）

消費者余剰はあくまでウェルビーイングの一部に過ぎない、という限界を認識しつつも、

ＮＲＩはデジタル時代の新経済指標の候補として、デジタルが生み出す消費者余剰の計測を改めて提唱する。これは先ほど紹介した「ＧＤＰ－Ｂ」指標からおおいに啓発されたものだが、消費者余剰をどういう存在としてみるのか、どう表現するのかが異なっている。

ＮＲＩは２０１８年に、ロッテルダム・スクール・オブ・マネジメント（ＲＳＭ）と共同で、デジタルサービスが日本で生み出す消費者余剰の推計を行った。前著『デジタル資本主義』においても同様の試算結果を紹介しているが、前著では無料のデジタルサービスだけを推計対象としていたのに対して、今回は有料・無料全てを含むデジタルサービスが日本で生み出している消費者余剰を推計している。(24)

その推計結果をＧＤＰと併せて示したのが図表６－８である。それによると２０１３年に生み出された消費者余剰は１０１兆円相当だったのが、２０１６年には１６１兆円相当にまで拡大している。これを日本人１人・１か月当たりに換算すると、およそ６万〜10万円／人・月となる。つまり所得という形では表れないが、６万〜10万円相当の便益・満足感・お得感をデジタルサービスから得ていることになる。

デジタルが生み出す消費者余剰も考慮するとＧＤＰとは違う経済像が浮かび上がる。２０１３〜２０１６年の日本のＧＤＰ成長率は年平均０・７％であったが、ＧＤＰに消費者余剰を加えた数値で計算すると、年率３・８％で成長していることになる。

ノーベル経済学賞の受賞者であるロバート・ソローは１９８７年、製造業の現場にコンピュ

図表6-8　デジタルサービスが生み出す消費者余剰とGDP（日本）

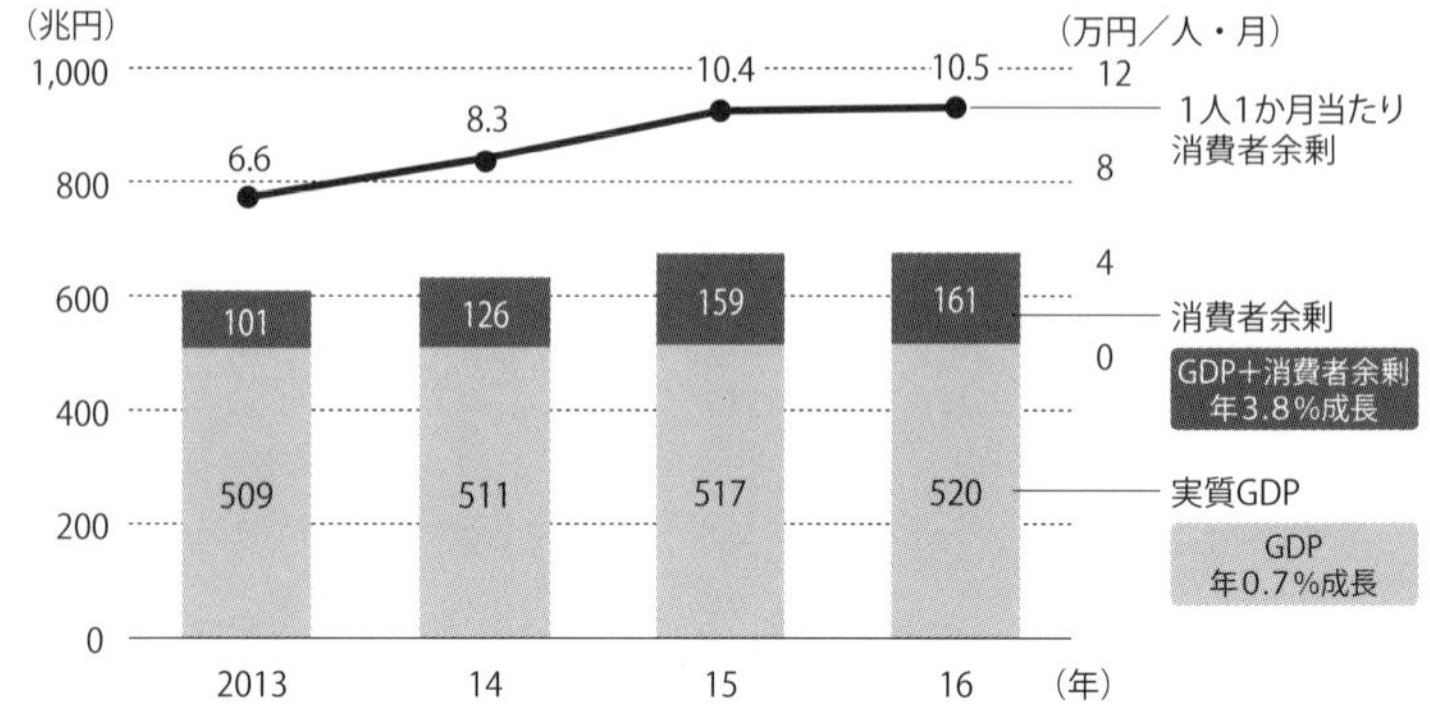

（出所）消費者余剰はNRIとロッテルダム・スクール・オブ・マネジメントの共同研究（2018）、GDPは内閣府「国民経済計算年次推計」より

ータが多数導入されたにもかかわらず、生産性の伸びはむしろ鈍化しつつある状況について、「コンピュータ時代はいたるところにあらわれているが、生産性の統計だけにはあらわれていない」と述べた。[25] これは「ソロー・パラドクス」と呼ばれているが、本書にあてはめるならば「デジタルはいたるところにあらわれているが、GDP統計にはあらわれていない」ということになるだろう。つまりこの文章には続きがあって、「しかし消費者余剰としてあらわれている」のである。本書の初めに、日本では経済指標には表れない生活水準の向上があることをアンケート結果から示したけれども、まさにこの生活水準の向上は、消費者余剰を考慮すると理解できるようになる。

図表6-8のようにGDPと消費者余剰を足し合わせて棒グラフで表現するのはみやすいと

図表6-9　「ガウス平面」的に生産者余剰と消費者余剰を表現する

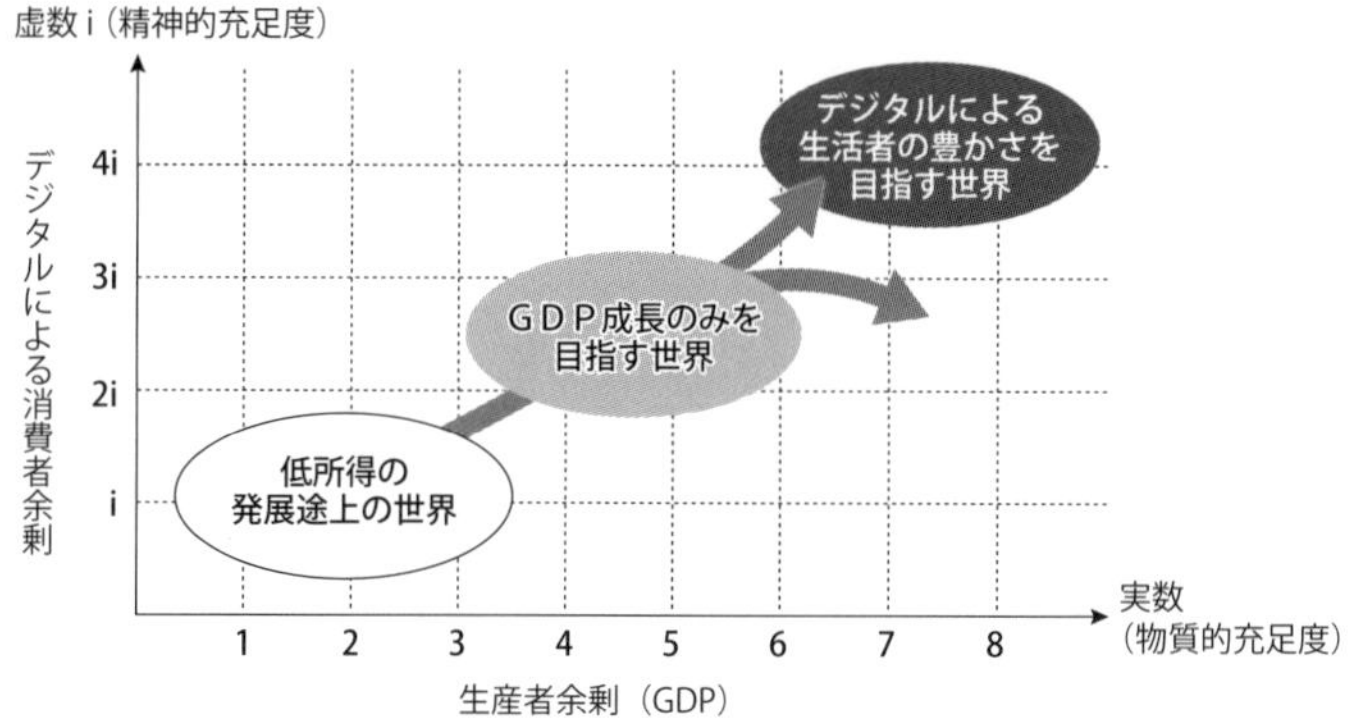

（注）ガウス平面は複素数a+biを表現する平面、iはImaginary number（虚数）。
（出所）NRI

いう利点がある一方、性質がかなり異なるGDP（生産者余剰）と消費者余剰を単純に足し合わせて良いのか、という懸念は残る。

そこでNRIは、図表6-7に示したように、X軸、Y軸の2つで両者を表現する方法を採用したいと思う。梅棹は『情報の文明学』の中で、工業を実数、情報産業を虚数のような存在だと説明した。[26] 実体のあるモノをつくるのが工業なのに対して、情報産業は実体のないモノを扱うからである。この関係性は生産者余剰と消費者余剰にもあてはまる。生産者余剰は実際に貨幣を介して取引された目に見える数値なのに対して、消費者余剰はあくまで人々の頭の中にある想像的（イマジナリー）な数値だからである。

実数と虚数のアナロジーを用いて生産者余剰と消費者余剰を表現したのが図表6-9である。数学では、横軸に実数、縦軸に純虚数iをとり、

図表6-10　日本の「GDP＋i」の推移（2013～16年）

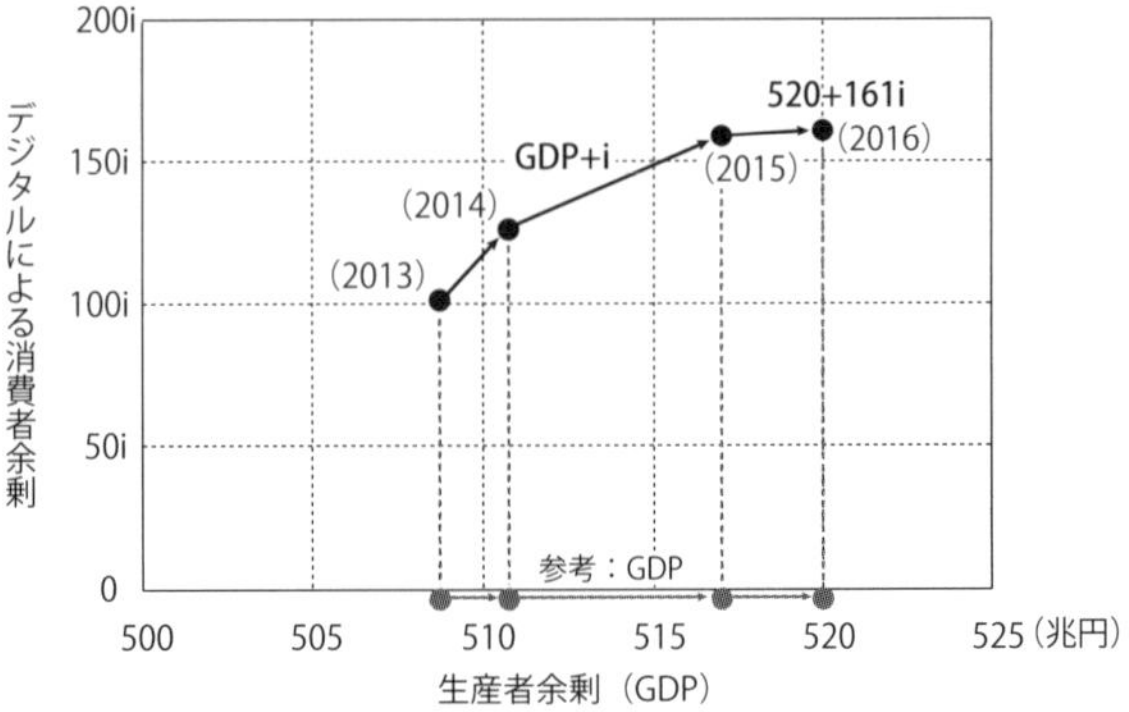

（出所）NRI

複素数ａ＋ｂｉを表現した平面を複素数平面、あるいはガウス平面と呼ぶけれども、生産者余剰（ＧＤＰ）を横軸に、消費者余剰を縦軸に表現した指標を「ＧＤＰ＋ｉ（ＧＤＰプラスアイ）」と呼ぶことにする。[27] このｉは想像的（imaginary）、あるいは暗示的（implicit）の頭文字からきている。想像的・暗示的な存在である消費者余剰と、実在的・明示的な存在としてのＧＤＰ（生産者余剰）の両方を合わせて表現した指標、というニュアンスが込められている。

　図表６－８で示した数値をＧＤＰ＋ｉとして表現したものが図表６－10である。従来のＧＤＰは横軸上の増減でしかなかったのに対して、ＧＤＰ＋ｉはより豊富な情報を提供してくれる。２０１３年から２０１６年にかけて日本のＧＤＰ＋ｉは右上方向に増えているのだが、

その傾きは徐々に小さくなっていることがわかる。GDP（生産者余剰）の増分に対する消費者余剰の増分が減っているのである。

近年日本で消費者余剰が伸び悩んでいる理由はいくつか考えられる。第1の可能性は、生活者が既存のサービスに慣れてきて、そのサービスに従来ほどの価値を認めなくなっていることである。たとえば検索エンジンが登場し始めたときは、その時間短縮効果と世界の広がりに驚愕を覚えた人であっても、検索エンジンが当たり前の感覚になってくると、消費者余剰は減少する。驚き、感動などの感覚が失われるにつれて消費者余剰は減少していくのである。

第2の可能性は、ネガティブな経験を通じて消費者余剰が下がっている（増えにくくなっている）ことである。たとえばSNSは友人・知人との関係性を深めることができるのと同時に、他者からの批判や中傷に曝されることもある。また単純に他者との頻繁なコミュニケーションに疲れ果てる可能性もある。[28] デジタル技術によってポジティブ／ネガティブ、どんな体験をしているのかが消費者余剰に影響を及ぼす。「SNS断ち」という言葉がある。SNSユーザーが、一定期間（あるいは永久に）SNSを利用しないようにする行為で、SNS断ちをしたという人のブログを読むと、SNSをやめていかに良かったかということが書かれている。[29]

消費者余剰が増えない第3の可能性は、それが生産者余剰に置き換わったから、という理由である。デジタルサービスに対する利用者の支払意思額は変わっていないけれど、これまで無料だったものが新たに課金されるようになった、あるいは値上げされた結果、消費者余剰の一部が生産者余剰に転換されるケースである。この可能性は理論的にはあり得るけれども、インフレ率が依然としてゼロに近く、GDP（生産者余剰）の急拡大もみられない日本には該当しないだろう。

図表6-10に戻ると、日本で消費者余剰があまり増えなくなっているのはおそらく第1の理由ではないか。消費者がサービスに慣れてきた、飽きがきた、イノベーションの芽が少なくなってきた、といった理由である。GDP+iの動きをみると、GDPだけではわからないこういった分析（あるいは想像）も可能になってくる。

最後にGDP+iの縦軸に関する留意点を述べておくべきであろう。これは消費者余剰の限界でもあるのだが、ある人の消費者余剰は増えているのに、その人のウェルビーイングは逆に低下している可能性がある。たとえばその人がオンラインゲーム中毒になっていて、自分の主観的な消費者余剰は高いけれども、身体的、あるいは精神的に健康を害しているようなケースである。[30] このように消費者余剰がウェルビーイングを意味しない場合があることから、今後も縦軸の指標の改善の議論が必要であろう。

デジタル時代の新指標案2：デジタル・ケイパビリティ・インデックス（DCI）

ＧＤＰ＋ｉでは、従来のＧＤＰを物質的充足度の指標とみて、新たに消費者余剰を推計することで、精神的充足度にも光を当てようとする試みであった。そこで次にＧＤＰ＋ｉの足りない点を補うような指標を考えてみよう。

ＧＤＰ＋ｉに限らず、ＧＤＰや効用のように、高ければ高いほど望ましく、最大化を目指すことが目的化してしまうような指標には共通する盲点がある。それは分配の公正さ、あるいは弱者や「外部」の人間に対する倫理的な無頓着である。つまり、ＧＤＰ＋ｉの総量さえ増えれば良く、その分配の公正さは気にしないという考え方や、外国人や弱者の搾取の上に成り立つ総量の増加が正当化されてしまうという可能性である。[31] つまりＧＤＰ＋ｉでは弱者のケア、あるいは弱者が被る損害を最小化するという視点に欠けているのである。

そこで導入する視点が、第2章および本章でも紹介した「ケイパビリティ・アプローチ」である。繰り返すと、ケイパビリティ・アプローチは、人々のウェルビーイングに対するケイパビリティ（潜在能力）の重要性を強調する。[32] ではなぜケイパビリティ・アプローチが弱者のケアに通ずるのか。それはケイパビリティの向上が、経済・社会弱者の本質的な生活改善につながるからである。

デジタル技術に目を向けると、デジタル技術は企業の生産性などGDPの増大を目的に用いられるだけでなく、人々のケイパビリティ向上にも貢献している。情報収集能力、移動能力（スマホで使う地図アプリ）の向上などがすぐに思い浮かぶが、それ以外にもユーチューブをみて料理のスキルを身につける、スカイプで外国語の勉強をする、あるいはスマートウォッチで自分の生体情報を可視化して健康維持に役立てる、といった例が挙げられるだろう。そしてこれらの各種ケイパビリティが向上すれば、稼ぐ力やお金の賢い使い方だけでなく、より高い生活満足度を得られる可能性が高まるのである。

ケイパビリティ・アプローチは所得分配の公正さなどの問題を完全にカバーできる概念ではない。しかし、ニューヨーク大学のアルン・スンドララジャンが述べているように、[33] デジタル技術は「機会の平等化」を促している。インドの農村部に住む人々であっても、デジタル技術を使いこなすことで、お金を使わずにさまざまなケイパビリティを高め、ひいてはウェルビーイングを向上させることが可能になっているのだ。

そこでNRIは、2つ目の新指標として「デジタル・ケイパビリティ・インデックス（DCI）」を提唱する。これは、市民がデジタル技術を活用して自身の生活満足度をどれだけ高められるのかの能力といっても良い。ではどのような指標でそれを評価すべきなのだろうか。先ほど紹介した欧州のデジタル経済社会指数（DESI）を参考にしたいと思う。DESIに含まれているように、人々の各種ITスキル（人的資本）に加えて、実際のデジタルサービス

図表6-11　デジタル・ケイパビリティ・インデックス（DCI）の4つの構成要素

ネット利用	デジタル公共サービス	コネクティビティ	人的資本
・インターネット利用頻度 ・インターネットの生活利便性への影響 ・SNS利用者比率 ・メール、オンラインバンキング、インターネットショッピング、無料動画視聴　など	・オンライン行政手続き ・自治体間システム共同利用・最適化 ・情報セキュリティ、BCP　など	・スマホ、タブレット、PC保有率 ・FTTH普及率 ・ブロードバンド契約数（県民人口当たり）　など	・情報処理試験合格者数（県民人口当たり） ・自治体職員における情報化人材 ・学校のICT教育能力 ・ICT就業者数　など

（出所）NRI

利用度合い（ネット利用）はケイパビリティそのものとして盛り込むべきであろう。またブロードバンドの普及率、スマホ、タブレット等の保有状況も考慮する（コネクティビティ）。これらはケイパビリティというより利用環境に該当するのだが、ケイパビリティとの関係性の分析に用いることができる。

さらにＤＥＳＩに含まれているデジタル公共サービスもＤＣＩの要素に含めたいと思う。公共サービス自体も直接的には市民のケイパビリティを表してはいないけれども、デジタルを通じて改善される公共サービスが、市民のケイパビリティを高める支援をしてくれるからである。電子政府化が進んでいる国では、簡単に起業の手続きが行えたり、各人の医療情報が（市民の了承の上で）病院間で共有されることによって医療の質を高めるなどの効果を生み出している。

図表6-12　都道府県別の生活満足度と1人当たり県民所得、DCIとの相関

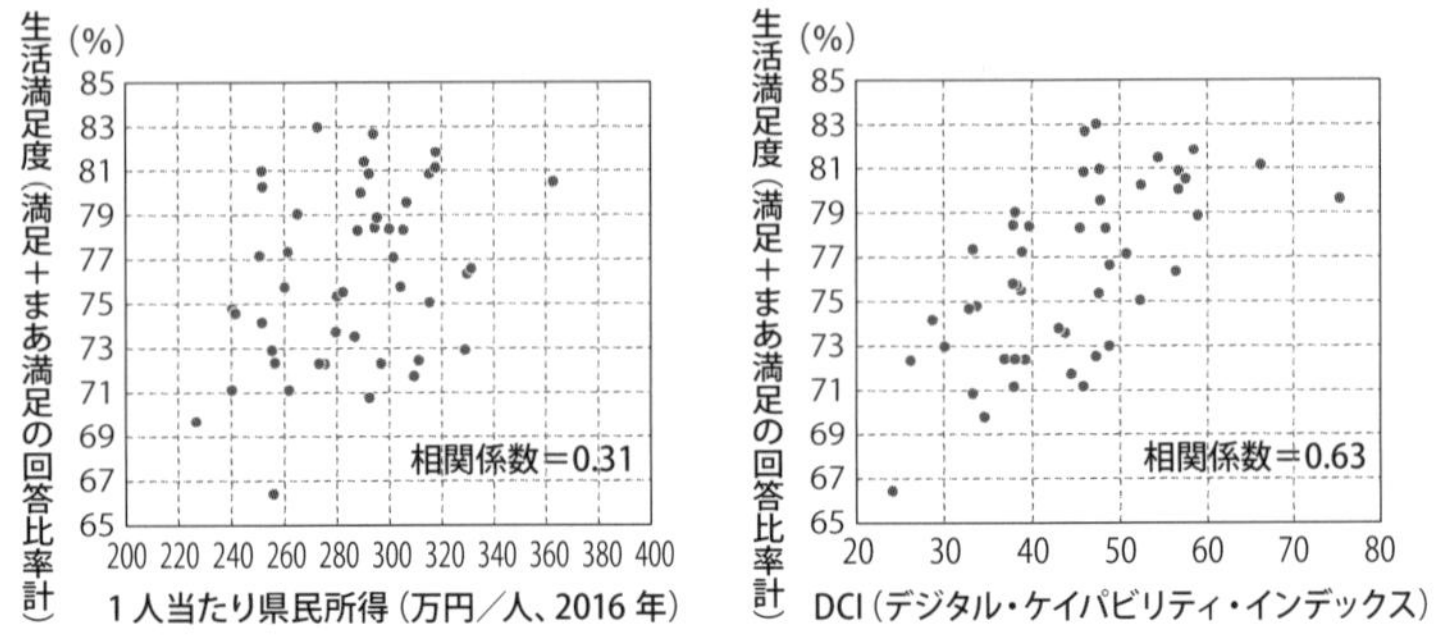

（注）左図について、東京都は図中に含めていない。ただし相関係数は東京都も含めた計算結果。
（出所）生活満足度は、NRI「生活者1万人アンケート調査」（2018年）およびNRI「インターネット生活者アンケート」（2020年）より、1人当たり県民所得は内閣府「県民経済計算年報」より

デジタル・ケイパビリティ・インデックス（ＤＣＩ）は図表６－11に示される４つの大項目から構成される。「人的資本」が高度なデジタル・ケイパビリティの保有度を表し、「ネット利用」はより一般的なデジタル・ケイパビリティを示す。そして「デジタル公共サービス」は市民全体のデジタル・ケイパビリティの底上げ支援の役割を担い、「コネクティビティ」はデジタルインフラの整備度を表す。その意味でＤＣＩは純粋なケイパビリティ以外の要素も含んだ幅広の概念だと考えてほしい。それぞれの大項目はさらに複数の要素からなり、それらをひとつの合成指標にしたものがＤＣＩである。ＤＣＩは０から１００の間の数値をとる。

欧州委員会が加盟国別にＤＥＳＩを作成しているように、ＮＲＩは日本の都道府県別にＤＣＩを試算した。

図表6―12（右）には、日本の都道府県別ＤＣＩスコアと、その都道府県民の生活満足度との関係を散布図で示した。両者の相関係数は０・63となっている。それに対して、図表6―12（左）では、１人当たり県民所得と生活満足度の関係を散布図で示しているのだが、ご覧いただければわかるように相関は低く、ＥＵ加盟国と同じパターンを示している。

ＤＣＩが高い都道府県ほど生活満足度も高い傾向にある、というメッセージは何を意味しているのだろうか。ひとつの可能性は、第１章から議論しているように、デジタルが消費者余剰を生み出すことを通じて人々の満足度を高めていることである。しかし図表6―12は単なる相関関係であって、因果関係を示すものではない。またデジタル利用が必ずしも生活満足度にプラスに働くとも限らず、両者の関係性についてはさらなる研究が必要である。

両者をつなぐメカニズムの分析にあたっては、国際連合が実施している「世界幸福度レポート」が参考になるだろう。同レポートでは、人間の幸福度を説明する要因として、所得、ソーシャルサポート、健康寿命、行動の自由度、社会の寛容さ、社会の公正さの6つを挙げている[34]。つまりデジタル・ケイパビリティがこれら6つの要因にプラスの影響を及ぼすのなら、幸福度（生活満足度）を高めているといえるだろう。6要因のなかで容易に思いつくのが、デジタルがソーシャルサポートと行動の自由度を高めてくれる可能性である。ＳＮＳを通じて社会的なつながりを強化し、デジタル技術が働き方の自由度を高めてくれるようなイメージである。

未来の経済・社会評価はどう変わるのか

本章ではデジタル時代の新経済指標としてＧＤＰ＋ｉ（ＧＤＰプラスアイ）とＤＣＩ（デジタル・ケイパビリティ・インデックス）の２つを試論の形で提唱した。この２つの新指標に込めた意図を改めて述べたいと思う。

ＧＤＰ＋ｉは、従来のＧＤＰ（生産者余剰）ではとらえられない生活者の満足度を「ｉ」という形でとらえようと試みた指標である。横軸のＧＤＰが物質的充足度を、縦軸のｉが精神的充足度を表すことを意図しているといっても良い。ＧＤＰ＋ｉの大きな特徴は、経済を線ではなく面で評価しようとしていることである。ＧＤＰはその数値の大小だけが争点になっていて、基本的に「大きいことは良いことだ」という価値観で評価が行われている。あたかも一直線の定規を持ってきて、数値が大きければ大きいほど良く議論の余地はない、といっているようなものである。

それに対して平面上で経済を評価するＧＤＰ＋ｉでは、どの点が最良なのかについて自動的に答えを出してくれるわけではない。もちろん、平面上の右上の点は左下の点と比べれば良いとほとんどの人が同意するだろうが、たとえば、右下の点（精神的充足度をかなり犠牲にして得られたＧＤＰ成長）と、左上の点（ＧＤＰ成長をかなり犠牲にして得られた高い精神的充足度）を結ぶ線があったとして、その線上のどのあたりが一番望ましいかと聞かれたら、人によって答えはかなり違うだろう。(35)　ＧＤＰ＋ｉは国民に対してこのような問いかけを投げかける指標であり、言ってみれば、国民に「考えさせる」指標なのである。

なぜそんな面倒な指標をあえて提案しているのかと疑問に思うかもしれない。まず我々は、デジタル全盛時代こそ人間の考える力を磨くべきだと考えている。ＡＩ（人工知能）の加速度的な進化に伴って、ＡＩが何をすべきか考え、人間はそれを実行するだけの存在になってしまう、という未来像を描く人がいる。朝食に何を食べるべきか、移動手段はどうすべきか、会社でどんな業務をどんな方法で遂行すべきか、ＡＩが最良な選択肢を提示してくれるので、人間はその指示に従えば良い、ということなのだが、考えることをやめた人間を人間と呼べるのだろうか。さらにいえば、アーレントがいみじくも指摘しているように、思考停止に陥りシステムを無条件に受け入れる人間が「凡庸な悪」となり、時には凶悪犯罪に手を染めることもある、ということを我々は肝に銘じるべきである。(36)

ＧＤＰ＋ｉには、多様な価値観を認めた上での民主主義的プロセスを活性化させたい、という思いも込められている。確かに、人間ではみつけられない最良の選択肢をＡＩが提示できるというケースもあるだろう。しかし現実社会は、唯一の正解など存在していない問題で満ち溢れている。そのような問題について、各人が意見を持ち寄り、議論を重ねることで合意点を見出すというプロセスこそ民主主義であり、第１章で示した「活動社会」のあるべき姿なのだ。ＧＤＰ＋ｉは経済評価にそのようなプロセスを生み出すことを期待している。その意味では、今回の提案を通じて、国民の間で新指標への関心と議論が活発化すること自体が狙いでもある。

またＧＤＰ＋ｉという呼称にもある思いが込められている。前述のように、この名称は数学の複素数（ａ＋ｂｉ）からインスピレーションを得ているが、虚数（ｉ）および複素数の発見によって科学が大きな発展を遂げたように、我々の経済社会もＧＤＰという実数だけでなく、消費者余剰という、ある意味で虚数的な存在を考慮することにより、大きな発展を遂げるべきだ、という思いである。

２つ目の指標、ＤＣＩ（デジタル・ケイパビリティ・インデックス）では、ケイパビリティ（潜在能力）という概念に着目している。デジタル技術が市民のケイパビリティを高め、ひいては生活満足度を高めるように使われるべきである、という思いが込められている。

ＧＤＰ＋ｉとＤＣＩを組み合わせることで多面的な分析が可能になるだろう。たとえば、ＧＤＰ＋ｉの横軸（ＧＤＰ）とＤＣＩは増加しているのに、ＧＤＰ＋ｉの縦軸、つまり人々の生活満足度は低下していたとする。この場合、物質的充足度とケイパビリティは向上しているのに、デジタル技術が我々の生活満足度の面に何かしらネガティブな影響を及ぼしている可能性がある。たとえば過剰な監視社会が構築されて生活が息苦しくなっているというようなことである。従来のＧＤＰ統計だけでは、そのような生活の質への影響にまで目が届かない。つまり生活の質向上を伴うＧＤＰ成長なのか、生活の質を犠牲にしたＧＤＰ成長なのか、といったことがデジタル・ケイパビリティや生活満足度の視点も含めて多面的に分析できるようになる。

ケイパビリティを指標として取り上げたもうひとつの理由は、ＧＤＰ＋ｉでは捕捉できない格差やデジタル弱者にスポットライトを当ててくれることが期待できるからである。すでにケイパビリティが高い人は自身で勝手にケイパビリティを向上させ続けるだろう。よって、デジタル・ケイパビリティの低い人たちに焦点を当てて、デジタルが使いやすい環境整備やデジタル公共サービスの充実化などを通じてＤＣＩスコアを効果的に底上げすべきである。センが提唱したケイパビリティ・アプローチも、その主な対象として経済的・社会的弱者に焦点を当てていて、そのような人たちにリソース（お金、物、技術）をただ渡すだけでなく、ケイパビリティ構築支援をすることで、「（なりたい自分になる）自由の平等化」を図ろうという思想なのである。

統計作成者の間では、統計とは客観的でだれが計算しても同じ結果になる再現性を備えていなければならない、という強力な信念がある。その信念からすれば、本書で紹介した主観的な生活満足度や消費者余剰のような概念は、統計からほど遠いことになる。しかしスティグリッツやセンのようなノーベル経済学賞受賞者らが率いるチームが、ウェルビーイングを推計すべきだと述べ、ＯＥＣＤがその推計ガイドラインを作成するに至った。またあえて挑戦的な言い方をすれば、ＧＤＰ自体も本当に客観的なのかと疑問を呈することもできる。ＧＤＰ算定に当たってはさまざまな仮定や前提が置かれていて、それらの仮定・前提は、有識者の間のコンセンサス（共同主観）でしかなく、前提が変われば数値は変わる。

デジタル技術は、主観的な消費者余剰の急拡大をもたらすことでＧＤＰのピンボケ現象を引き起こしている。また生産面から規定された産業分類を、利用者視点のａａＳ（アズ・ア・サービス）に再編しようとしている。そのような大きな潮流のもとでは、生産者視点に加えて消費者・利用者視点の経済社会評価が必須である。

ただしＧＤＰや生活満足度の「総和の最大化」だけに目がいって、市民間の不平等を無視してしまうという、いわゆる功利主義の落とし穴にはまらないよう十分留意する必要がある。[37] そこでデジタル・ケイパビリティという概念を補完的に用いることで社会の底上げにも留意しつつ、経済的な成果がどのように達成されたのかを多面的に評価していくような未来像を描いている。

第7章

デジタル社会資本による国・地方の豊かさの実現

豊かさに必ずしもつながっていない日本の電子政府

第6章ではデジタル時代の新しい経済社会指標のひとつとしてデジタル・ケイパビリティ・インデックス（DCI）という概念を紹介した。これはEUが発表している加盟国別のデジタル化度合いを示す指標、DESI（デジタル経済社会指数）を参考にした指標であり、DESIおよびDCIにはデジタル公共サービスが重要な要素のひとつとして盛り込まれている。

公的セクターのデジタル化は、「Digital Government（電子政府）」と呼ばれ、都市レベルでは「Smart City（スマートシティ）」と同じ概念で語られることもある。本章では、広義の意味での政府のデジタル化の現状・課題、そして日本が取るべき方向性について、欧州諸国の先進事例も交えながら示していきたいと思う。

国連が加盟国193か国を対象に公表した2018年の電子政府ランキングによると、日本は10位と、前回と比べてひとつ順位を上げた。電子政府として完成度の高い北欧諸国、都市国家として世界に存在感を示し続けるシンガポールなどに肉薄する高さである。

しかしあくまでもこの指標は電子化が「進展」しているかどうかを測ったものであり、電子化による成果は、本質的にいえば国の経済力（＝国富）や、国民の豊かさや幸せ（＝国豊）、すなわちGDP＋iの横軸と縦軸にどれだけ寄与しているかによって評価されるべきものである。その意味で、国連の電子政府発展度インデックスをその国の労働生産性と比較してみると（図表7−1）、日本とほぼ同じ発展度にあるドイツ・フランス・オランダ・米国など欧米の先進国は日本よりも3割近く労働生産性が高い。逆に、日本と同じレベルの労働生産性を有する国では、東欧、中東の国々が並ぶが、いずれも日本よりはるかに電子政府発展度インデックスが低い。労働生産性の代わりに、幸福度を示す国連の指標（World Happiness Index）によって比較してみても、労働生産性と同じ傾向が認められた（むしろ労働生産性よりも幸福度の方が日本の低さが際立つ結果となった）。

このことは、何を意味するのか。北欧や先進国と比べて、国富や国豊につながりにくい何かの障壁が日本に存在するとも考えられる。実際のところ、日本の電子政府発展度インデックスを分解してみると、携帯電話の加入者数など、オンラインサービスの質やブロードバンドに代

図表7-1　主要国にみる電子政府発展度インデックスと労働生産性との関係

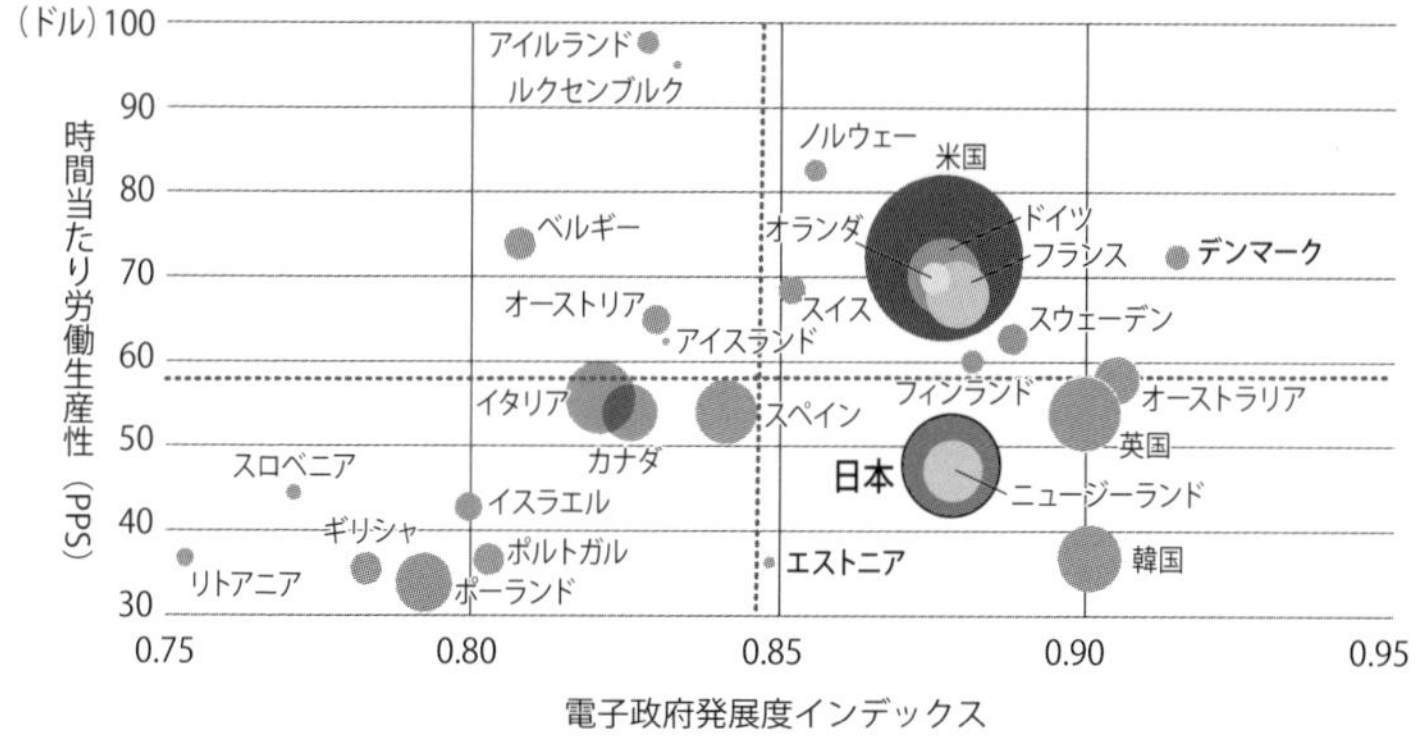

（注）円の大きさ＝人口。
（出所）OECD "Employment and Labour Market Statistics"、UN "EGDI:E-Government Development Index" "World Population Prospects 2019" よりNRI作成

図表7-2　電子政府サービスの利用状況

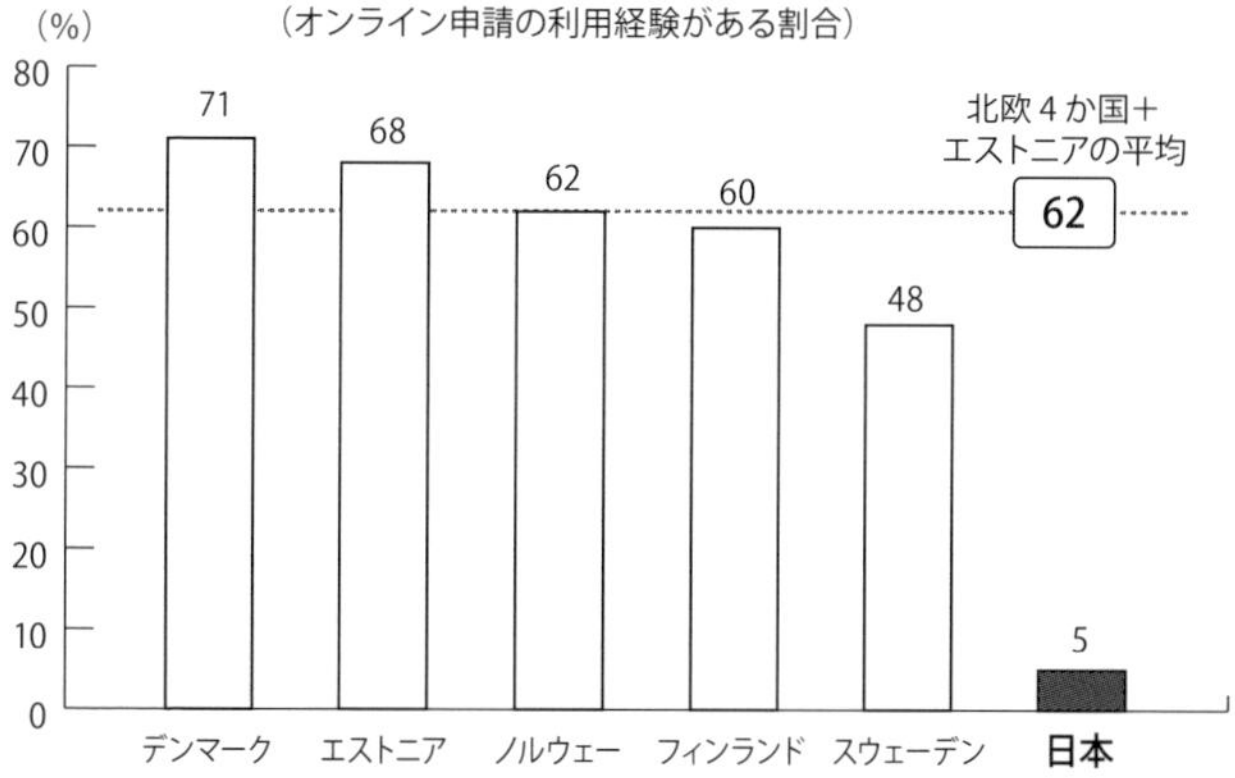

（出所）OECD "Digital Economy Outlook 2017" よりNRI作成

表される通信基盤の質が評価されていて、逆にオンラインを支える人材の質に対する評価はあまり高くないのである。なお、国連同様、電子政府指標を公表している早稲田大学のランキングでも、日本は7位と国連のデータよりもさらに高い評価であるが、「データの利活用」という点ではやや低い結果となっている。

別のデータをみてみよう。行政サービスのオンライン申請を利用した割合は、北欧4か国＋エストニアの平均が6割を超えている（デンマーク・エストニアは7割！）のに対し日本はわずか5％だ。日本でもオンライン上でさまざまな行政サービスが利用できる形になっているが、実際の申請や利用に対する不安感や不信感が表れているのかもしれない。

このようにデータの比較だけで全てを語るのは無理があると思われるが、日本の電子政府は、ＩＴの「基盤」整備（およびその取り組み）自体は高く評価されるが、データの有効活用やそれを担う人材が十分活躍しているか、という点ではまだ不十分であるといわざるをえない。

北欧諸国が実効性ある電子政府をつくれた3つの理由

あくまでも数値上ではあるが、電子政府が国富や国豊に結びついている（ようにみえる）北欧諸国は、どのような政策や戦略を実行しているのであろうか。日本は北欧諸国の電子政府をモデルにすべきとの論調が多いが、北欧と日本とでは社会経済上の違いも多い。まずは、北欧諸国の電子政府がなぜここまで進んだのか、その背景を考察してみよう。

（1）高福祉・高負担の国家である

国主導で、政府の電子化を強力に進めていくためには、政府組織に対する国のガバナンスや、政府の国民に対する影響力が強いことが前提となる。北欧は社会保障大国と呼ばれるとおり、国民の行政サービスに対する負担は高い。政府依存度を示す指標はいくつかあるが、たとえば、租税負担と社会保障負担を合計した国民負担率をみると、北欧諸国では、デンマークが65・8％とOECD加盟国35か国中4位、フィンランドが63・7％（8位）、スウェーデンが56・9％（11位）、エストニアが49・8％（18位）、ノルウェーが49・5％（19位）となっている。この数値・順位は前述の電子政府発展度インデックスと同じ傾向である。つまり、電子化をいかにスピーディーに、お金をかけて実現するかというhowではなく、その国の社会経済活動や市民生活がいかに政府と密接な関係にあるか、その状況によってすでに電子化がうまく進むかどうかが決まったようなものである。

（2）ITに対する国民の受容性が高い

一般的に緯度の高い北欧諸国は、厳しく、寒く、長い冬を過ごすために、ITを活用した生活に慣れてきたといわれる。また、北欧の多くの国では、広い国土、それに比較して少ない人口（結果としての人口密度の低さ）、居住地面積の少なさ、都市（集落）の分散などの特徴を持つため、日常生活を営む上で移動がしづらく、リアルな交流機会も少なくなる。結果としてITを活用したコミュニケーションをせざるをえない状況になっている。改めて国が電子化を行うと宣言しなくても、国民はバーチャル上のアクションに十分慣れているため、スムーズに受容される。

(3) 政府に対するサービスは無償であるという意識が高い

国民負担率の高い北欧諸国は行政サービスにお金をかけても良い、と考える国民が多いと想像するが、実際はそうではない。むしろ逆である。自らに明確な便益が跳ね返ってくる医療・介護・教育や年金といった「真水」の部分にはお金を支払うが、それを提供する行政側のコストは安く（むしろ無償で）あるべきとの認識が強いのである。このような状況なので、電子化によって公共サービスの提供コストが下がるのは、国民にとってまさに望んでいたことであり、逆にコストが効率化されない電子化など意味がないと考える人が大多数なのである。

北欧諸国で異なる電子政府の実態

北欧の電子政府の実態や効果をまとめて語ることは難しい。国ごとに特徴がある。

たとえば、デンマーク、フィンランド、エストニアの電子政府は、「市場刺激型」と称される。すなわち、電子政府の基盤をつくり、そこを実験場としてさまざまな行政サービス、都市サービスを展開し、そこで得られたデータや実証実験の成果（失敗）を活かし、海外市場に展開し外貨を稼ぐ（そのような企業を生み出し、育てる）という姿勢だ。

これと対極にあるのはスウェーデンである。スウェーデンは、さしずめ「市民回帰型」といえよう。電子政府によって国民・市民から収集したさまざまなデータは、あくまでも国民・市民の利便性向上のために使われるべきである、との考えが根強い。自国で得られたデータをもとに海外に展開するといったイメージは薄い。スウェーデンの王立研究所の研究員によると、スウェーデンではフィンランドのような海外展開を前提としたＭａａＳビジネスは成立しないであろう、とのことだった。

ノルウェーは、この2大隣国を横目でみながら、どのような電子政府の姿にしていくべきか、そのスタンスを慎重に定めているといった感じである。ちなみにノルウェーでは、都市一つひとつの規模も小さく、広大な国土に分散しているため、すでに構築された行政データの統合に力を入れている。ＤｉＦｉ（公共事業省）が中心となって。National Data Catalogという官民データ集をとりまとめており、そのプロセスは、都市単位や都市間でデータ連携・共有を進めようとしている日本にとって参考になるかもしれない。

北欧の電子政府について全ての国を紹介したいが、紙幅も限られている。この中で、特に電子政府としての評価、何よりもオンライン申請サービスの利用経験割合が上位にある北欧のデンマークとエストニアの2か国について、その特徴・実態を示したい。

デンマークでは国のデジタル戦略が電子政府拡大の支えに

デンマークは、人口578万人、人口密度134人／㎢であり、日本でいうと千葉県や兵庫県の人口とほぼ同水準である。先に紹介した国連の電子政府ランキングでは3年（2015年、2016年、2017年）連続1位であり、北欧の電子政府のリーダー的存在である。

デンマークは古くから国民・市民による政府セクター（国・自治体）への信頼が強く、CPRという共通番号が整備・運用されたのは1968年からで、今から遡ること50年以上前から公的セクターが国民のデータを預かる仕組みができていた。その後2001年にデジタル署名とCPRが連携し電子署名が実現され、いわゆるデジタル・ガバメントの基礎ができた。その後動きは加速し、2003年には、医療機関と市民がデータ交換をするポータルサイトがつくられ、2005年には全ての行政サービス手続きを電子化することを宣言した。さらに、2011年には、EasyID（政府向け個人認証）により電子私書箱経由での手続きが義務化され、政府部門で年間170億円のコスト削減が実現された。このように、デンマークのデジタル化は2001年から十数年間で集中的に整備が進められたことがわかる。現在、国民の96％がデジタルポスト（国民と行政のやり取りを電子的に行う仕組み）を利用し、95%の年金サービスが電子化されている。

このように電子政府の取り組みを強力に支援したのは、国による統一的なデジタル戦略の存在である。デンマーク政府のデジタル戦略「デジタルデンマーク」（2016−2020）は、ユーザーフレンドリーなサービスの実現、成長の実現、セキュリティと信頼に注力するなどいくつかの柱が示されているが、いずれも公的部門の役割が大きいとしている。このようなデンマークのデジタル戦略のポイントを日本と比較すると、大きく3つの点で違いがある。

ひとつはデジタル戦略の起点があくまでも人間であるという点だ。このように書くと半ば当たり前のように聞こえるが、とかく技術が急速に進歩すると、人々はその技術に頼り、技術進歩の延長線上で物事をとらえがちである。そこをあえて人間の幸せ（原点）を忘れずに目標として示している点は重要である。

2点目は目標志向が貫かれているという点だ。デジタル技術の進展は速く、何らかの目標・目的を置くこと自体意味がないとの見解もある。しかしデンマークの場合は、「グリーンの成長（環境への貢献）」「国際競争力の向上」「人間の幸福の実現」を実現するために「行政システムの効率化」と「産業の成長発展の方向」が議論され、そのための手段としてデジタル化やスマートシティが施策として展開されている。実際、2050年を目標年次とする長期戦略（脱化石燃料）でも、2025年を目標とするコペンハーゲン市のスマートシティ戦略でも、

図表7-3 「デジタルデンマーク」が目指す社会インフラ

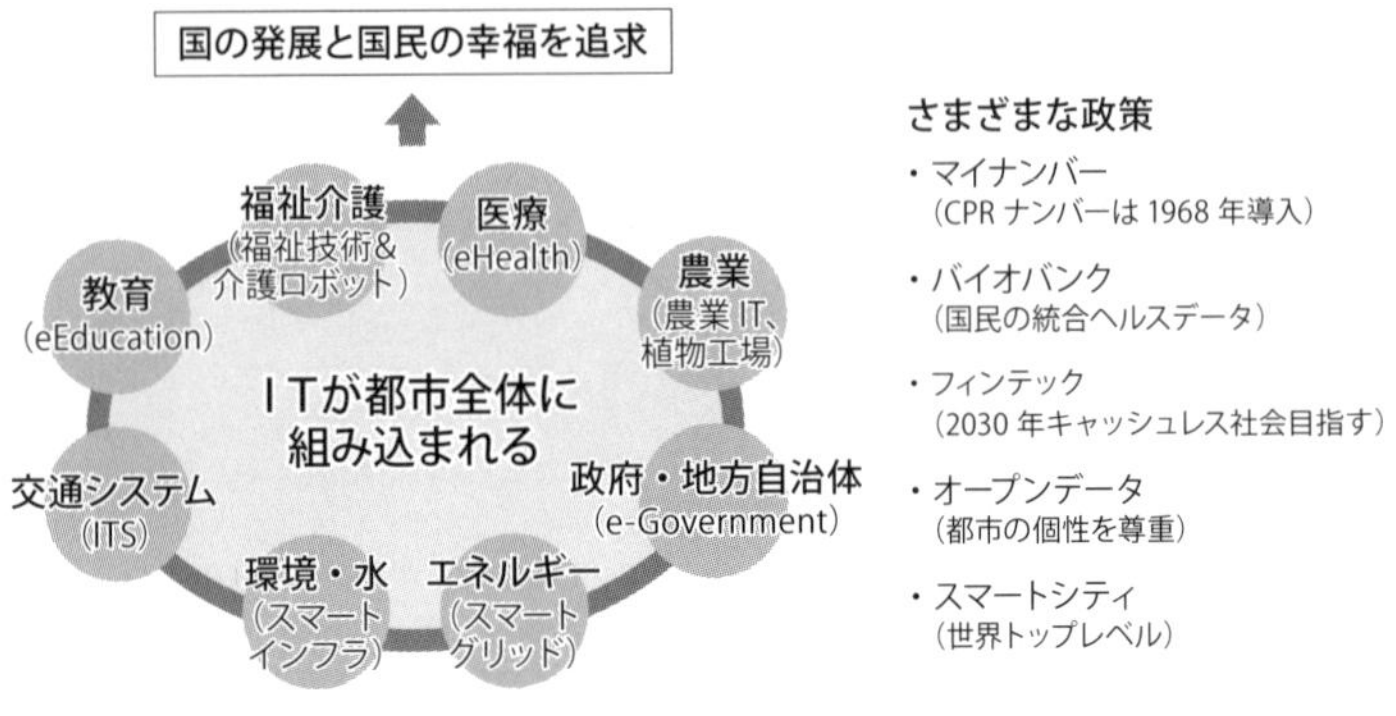

（出所）デンマーク大使館中島健祐氏作成資料よりNRI加工

最終目標は、グリーン、競争力、幸福の３つのキーワードに集約されている。

そして３点目は、政策間のコーディネーションがしっかりできていることである。国のデジタル戦略は、医療、交通、金融といった分野別の戦略に、そして国内各都市のデジタル戦略（スマートシティ）に結びついている。つまり国も、省庁も、自治体も全て向かうべき方向はひとつなのである。都市においても全ての社会インフラはデジタル化を通じて高度に統合され、新しい医療（バイオバンク）や金融のサービス（フィンテック）が展開されている。

このようにすでにデジタル化で十分な成果を残しているデンマークであるが、さらに高みを目指し、２０２５年に向けたデジタルの新戦略を２０１８年１月30日に発表した。デジタル化のフロントランナーになることを目的に、さらなる繁栄をもたらす機会を開拓する38の具体的なイニシアティブが示されているが、戦略の対象を企業だけでなく国民も含めた社会全体としている点が特徴である。戦略の期間もデジタルデンマークと比較して、短縮されており（15年→5年）、デジタル化の進展速度に合わせてなるべく時間をかけず成果を出していこうという政府の本気な姿勢がみてとれる。

中核的都市の自主性を重んじたデンマーク

先に紹介した北欧の雄・デンマークでも、国全体の電子化を強力に進める一方で、特色ある都市をデジタル化によって後押しする仕組みがある。特徴的なのはオープンデータの目的や体系が都市によって異なることである。たとえば首都のコペンハーゲン市（人口61万人、２０１８年現在）は、都市空間をより有効に活用することを目的に、駐車、交通、社会インフラ（道路、上下水道など）のデータを体系化し、オープンにしている。また、人口約34万人（２０１８年現在）を有する国内の第2位の規模を持つオーフス市は、市民生活を豊かにし、起業活動を高めることを念頭に置き、データを活用しやすい体系に配慮したオープンデータ（オープン・データオーフス）が構築・公開されている。さらに人口約17万人（２０１６年現在）の第3位都市・オーデンセ市は、ロボットやヘルスケアといった社会課題に対応したスマート化に重点を置くとともに、市民向けサービスの事業化やデータの有効活用に配慮したデータ体系になっている。

著者は、コペンハーゲン市の他、オーデンセ市にも訪問しているが、それぞれの都市が自らの個性を明確に主張していることがひしひしと感じ取れた。たとえば、水道事業の海外展開ひとつ取ってみても、コペンハーゲン市は環境輸出に重点を置いているのに対し、実際に水道事業の海外展開に取り組んでいるのは、第2の都市オーデンセ市の方であったりする。現在、デンマークのこれらの中核的都市の人口は減少していないが、地域の独自性を尊重したデータ基盤の存在が地域振興を下支えしているとの関係者のコメントがある。

エストニアは危機感をテコにデジタル・システムを実装

エストニアは、約132万人、人口密度：29人／㎢（2019年1月）であり、日本でいうと九州ほどの面積に、福岡市ほどの人口が住んでいるイメージである。

エストニアは、今や電子政府のひとつのモデルと称されるほど日本で取り上げられることの多い国である。ここでは、エストニアの電子化について、詳細よりもその社会経済的なインパクトを中心に日本への示唆を考えたい。公表されているエストニアの電子政府・デジタル社会の実態は次のとおりである。

・国民の電子ＩＤ保有率は98％

・銀行の電子商取引の99・6％がオンラインで実施
・オンライン納税の比率は97％
・書類（医療書類）の98％はオンライン
・企業設立の98％はオンライン。起業は18分で完了
・電子投票は3分で終了
・2000のサービスが国のポータルサイトで利用可能となっている
・銀行振り込みの99％、確定申告の94％がネット
・2011年の国会議員選挙ではネット投票率は24％　等

これらの電子行政サービスを支えているのは「電子認証」と「電子署名」の2つの証明書が含まれたIDカードだ。電子身分証明書（eIDカード）による本人認証は、2002年に発行が開始され、15歳以上の国民および有効期間1年以上の在住認可証を持つ在留外国人は取得が義務化されている。IDカードは、物理的なカードを紛失しても、一定の費用を支払えば再発行可能である。またモバイルIDも支給されており、情報媒体を活用して遠隔でアクセス可能となっている。

そして各省庁や民間企業のデータベースをつなぎ合わせ、セキュアにデータ交換を行うための基盤「X-Road」システム[1]が運用されている。いつでもどこでも政府データにアクセスできる仕組みとなっている。

個人情報に限らず、資産・税務・医療・教育などあらゆる情報がカードに登録されており、住民のニーズに応じた行政サービスを受けることができる。最もわかりやすいのはかかりつけ医サービスだ。たとえば住民が緊急の病気にかかった際、患者本人の明確な指示がなくても、病歴や治療歴、かかりつけ医のデータ等から、最適な病院に搬送することができる。また免許証の更新の際も、身体データと病歴データを突合することにより、半ば自動的に更新可否が判断できる。

このようなサービスを受けられる（可能性を提示される）ことにより、国民・住民は自ら率先してデータを信託する意思を持つようになる。個人情報を政府に預けるかどうかは、自らの意思で決められるが（市民主権）、このような行政サービスの実績があることにより、ほとんどの国民のデータが政府に集まっているのである。

エストニアが国主導の強力な電子政府国家を築けた理由は大きく3つあると考えられる。ひとつは、ＩＴ化のリソースが半ば与えられたことだ。ソ連からバルト三国が独立したとき、エストニアにはＩＴ産業の振興が課せられた。併せて、旧ソ連時代の軍事や宇宙開発の技術者が多く残っており、とりわけＩＴの暗号技術を習得した技術者が存在したことで、現在のＩＴ化の礎が築かれた。2つ目には、ソ連崩壊以降、ロシアから国を守らなければならないという危機感である。エストニアは、ロシアからデータを避難する必要があったことや、国内にいるエストニア人とロシア人をしっかりシステム上識別する必要があった。3点目は、他国に比べて人口が少なくＩＴ教育を統一的、主導的に実施できたことも大きな要因である。

日本の公務員の半分程度で行政サービスを展開

エストニアの電子政府による効果はさまざまあるが、まずは政府の効率化であろう。エストニア政府の資料によると、国を挙げた電子化によって、行政サービスの運用面で大きく２つの効果がある。ひとつは行政の情報運用コストの削減である。エストニアの情報システム（Ｘ－Ｒｏａｄ）に対するリクエスト数は、２０１９年９月の１か月間でおよそ１・８億アクセスがあった。デジタル化によって膨大な紙資料が削減され、毎年ＧＤＰの２％分の費用削減が実現されたといわれている。

このような政府主導によるデジタル化は、国の組織だけでなく地方自治体にもインパクトがある。エストニアの首都タリン市の市役所の窓口を訪れたが、窓口には職員が2～3名しかおらず、固定型の端末が置かれているだけであった。市民も数人しか来ておらず、その１人も窓口の職員と話しているのではなく、端末とにらめっこしていた。

タリン市の人口は約44・８万人で、統計上の職員数は１４５９名（２０１８年）なので、職員１人当たりで対応する人口は３０７人となる。単純な比較は難しいが、日本で同じ人口規模（約52万人）を持つある県庁所在都市の職員数は３２７４人（２０１８年）である。同じように職員1人当たりの人口を計算すると約160人である。職員の中には、窓口だけでなく、企画・予算部門や上下水道といった公営企業部門も含まれており、日本とエストニアは行政制度が異なるため単純に比較はできないが[2]、少なくともタリン市は日本の同規模の県庁所在都市よりも半分の職員数で行政サービスを提供していることになる。実際、タリン市の年間のIT予算（ハード込み）は1000万ユーロ（日本円にして約12億円くらい）と日本に比べて極めて少ない。国のIT予算が約176億円なので、国全体の人口の3割のシェアを持つ首都であっても国のわずか7%程度の少なさである。

我が国政府の「自治体戦略2040構想研究会」では、団塊世代がリタイアする2040年に公務員数が2018年の半分になると予測し、その社会的・経済的なインパクトと安定的な行政サービスを展開するための提言がなされている。AI、IoTを活用した行政事務の効率化が提言の柱のひとつになっているが、今抱えている行政事務の業務量を前提に電子化やワンストップ化を議論するのではなく、国・地方のデジタル化によって対象となる事務やデータそのもののあり方を見直すことによって自治体職員の業務負担も半減できることをエストニアの事例から学ぶことができる。

労働生産性向上と人口増加を実現したエストニア

エストニアは、わずか10年の間にX‐Ｒｏａｄを中核とする国のデジタル共通基盤を整備し、その上で健康や教育等の行政サービスを展開してきた。マクロ経済的な効果は行政の効率化以上だ。１人当たりの労働生産性をみると、１９９５年を１００とした場合、２０１７年には９３５とほぼ10倍になっている。資源が少なく、人口規模の小さなエストニアならではの起業心が、デジタル技術に立脚したユニコーン企業[3]を生み出し、それが欧州の「ＧＡＦＡ」のごとく、先進国に事業進出して収益の急速な伸びを記録したからだ。スカイプはいうまでもなく、国際送金サービス（TransferWise）、タクシー配車アプリ（Taxify）、ＣＲＭ（Pipedrive）など、さまざまな分野に及んでいる。

離陸期にある国が驚異的な生産性向上を実現していくのはある程度納得できる。しかしそれ以上に特筆すべき効果は人口減少の克服だ。１９９１年の独立当初は、１５６万人の人口を抱えていたが、99年まで急激な人口減少に見舞われた。一旦持ち直したがその後10年以上も減少が続いた。その人口が２０１６年に増加に転じたのである（図表7‐4）。

２０１４年に始まったe‐Ｒｅｓｉｄｅｎｃｙ（外国籍の人でもエストニアの仮想住民と認める制度）やデジタル・ノマド（仮想住民に１年間滞在ビザの発給を許可する制度）が、エストニア国内の就業および居住の魅力（知名度）を高め、実際にエストニア国内に移住するイン

図表7-4　エストニアのデジタル政策の変遷と人口・高齢化率の推移

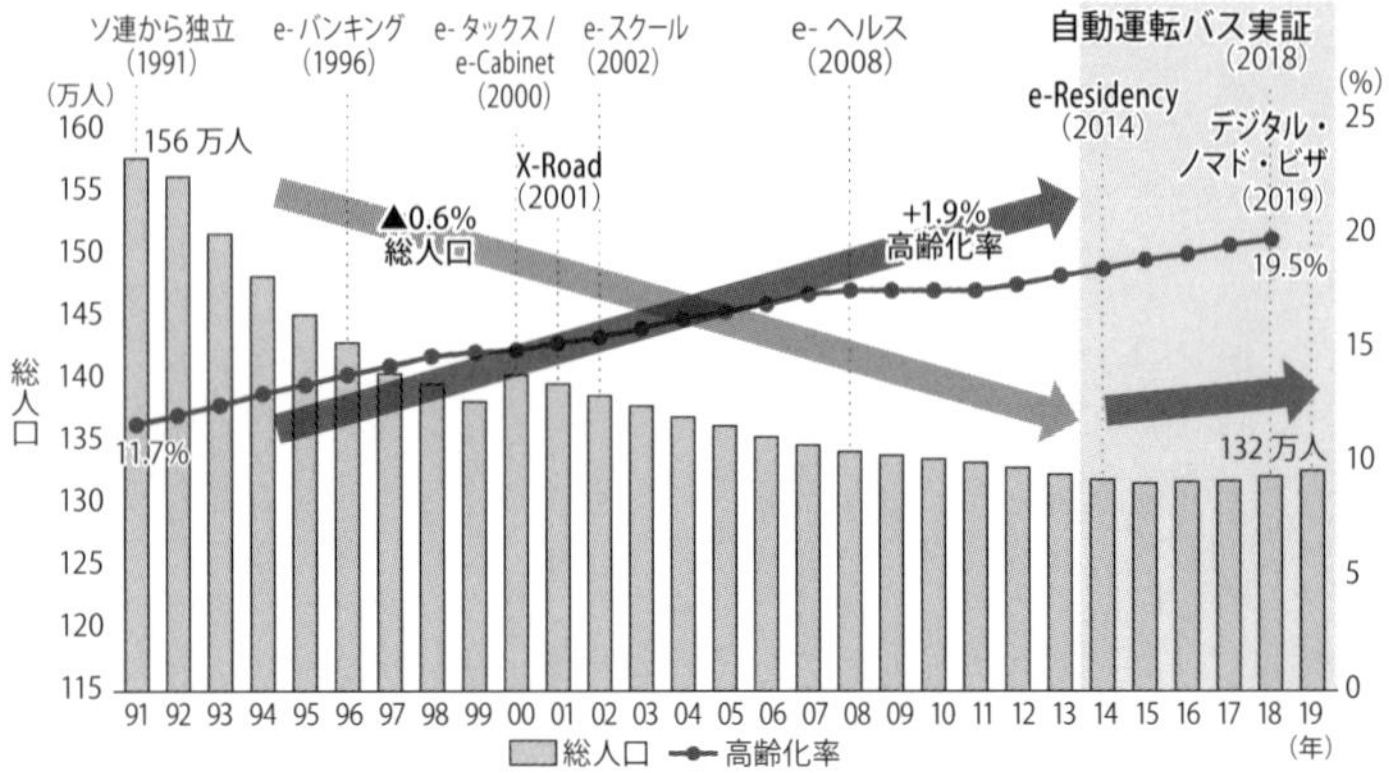

（出所）エストニア統計局資料よりNRI作成

センティブを生み出したとも考えられる。

このように、外の力（経済力・人材）を巧みに活用しながら、国内人口の増加につなげた取り組みは、たとえば日本の地方自治体の関係人口から定住人口につなげようとする取り組みにも参考になるであろう。

デジタル基盤とデジタルサービスの調和

このように北欧諸国をみても、日本と人口規模が違うのだから比較しても意味がないと思われるかもしれないが本当にそうであろうか。電子政府の成否は、人口規模・経済規模に影響されるのではなく、その実現プロセスが鍵であると考える。

日本は、移動、交通、医療、教育、労働など個別のデジタルサービスが実証的に展開されている。スマートシティの補助事業に選定された都市は70近くに上り、ＭａａＳの実証実験である経済産業省・国土交通省連携の「スマート・モビリティ・チャレンジ支援事業」も全国28地域で推進されているところである。

しかしながら要となる「デジタル共通基盤（データの認証・登録・更新に必要なシステムと定義する）」の整備がまだ不十分だ。マイナンバーの普及率も約14％と限りなく低い。重要なのは、デジタル共通基盤と、その上で展開されるデジタルサービスとの調和を図ることだ。北欧諸国は、マイナンバーなど国民ＩＤによるデジタル共通基盤が整備され、その上に、医療サービス、防犯サービス、移動サービス、金融サービスが展開されているため、さまざまなデータが一元化され、フォーマットも統一されて、効率的・効果的に運営ができるようになっている。その背景には、国民や市民の政府・自治体に対する信頼関係が強く構築されていることがある。

日本では、政府内の電子化を進める「デジタル・ガバメント」と、そのデータを社会課題の解決・克服に活かす「データ利活用」の２つの柱によって進められ、政府内手続きの電子化と、オープンデータの取り組みに一定の成果をあげてきた。２０１９年５月には「デジタルファースト法」が成立し、引っ越し、死亡・相続、光熱費等の手続きをインターネット上でワンストップで処理できる取り組みが２０１９年度以降、順次実施される。そして日本のデジタル共通基盤たるマイナンバーカードの普及促進が進められることになった。２０１９年９月に開催さ

図表7-5　デジタル共通基盤の整備とサービスとの連携

		デジタル共通基盤	サービス・ビジネス
デンマーク 	信頼 危機感	「デジタルポスト」普及率 **96%**	●e-ヘルスケア ●シェアタクシー ●仮想住民登録 ●自動運転バス実証 ●フィンテック　など
エストニア 		「デジタルID」普及率 **98%**	
日本 	信頼？ 危機感？	マイナンバー普及率 **14%**	●遠隔医療 ●自動運転・MaaS ●スマートシティ　など

（注）デンマーク「デジタルポスト」利用率は2018年、エストニア「デジタルID」普及率は2018年、日本「マイナンバー普及率」は2019年7月1月現在
（出所）デンマーク関連資料、エストニア政府資料、内閣府資料よりNRI作成

れた「デジタル・ガバメント閣僚会議」の場で示された計画によると、２０２０年７月に多くのマイナンバー所有者がマイキーＩＤ（さまざまなサービスを利用するための認証番号。ウェブ上で重複のないＩＤを取得）を取得、２０２３年にはほとんどの住民がマイナンバーを取得することを想定している。このことから、日本でもあと４～５年でデジタル共通基盤が整備されることになる。この期間に、北欧と同じように先進的なデジタルサービスとデータ共有・利活用が進められるシステムをいかにつくれるかが鍵である。電子政府として日本が成功するかどうかはこれから数年間で決まるといえよう。

基礎自治体にデータ信託の萌芽あり

国が急速にデジタル環境・デジタル共通基盤を整備する中で、重要なのは、国民や市民がデータを信託するに足る高水準な行政サービスをいかに提供するかである。

日本の総人口1億2000万人を対象とし、国主導で隅々まで電子的な行政サービスを浸透させるには想像以上に時間を要する。そのため、北欧諸国と同じ規模の地域を対象とするのであれば、データを預け、その活用が進んでいくとも考えられる。

もっとも、単に地域を限定するだけでデータの信託が自発的に進むとは考えにくい。総務省が実施した「パーソナルデータの活用に関する主要国の国民意識」アンケートによると、パーソナルデータに対する不安感は、「とても不安を感じる」「やや不安を感じる」を合計した値で、米国、英国、ドイツは全体の6割なのに対し、「日本」は8割を超えている。パーソナルデータを提供したときに何も期待をしていない割合も日本は3割ほどおり、他の先進国に比べて高い数値だ。このように、日本は、個人情報の提供について不安を抱えている層が多く、かつ、データ提供の見返りも期待していない層が一定割合いることがわかった。

国レベルではデータを提供するに足る信頼関係や期待が薄いとしても、地域に限定するとどうであろうか。NRIが自治体の人口規模別に生活者にアンケートを行った結果によると、データ提供が有効活用されるとイメージを持つ主体を挙げているのは全体の2割に届かない水準で

図表7-6　情報が有効に活用されるイメージを持つ主体とは

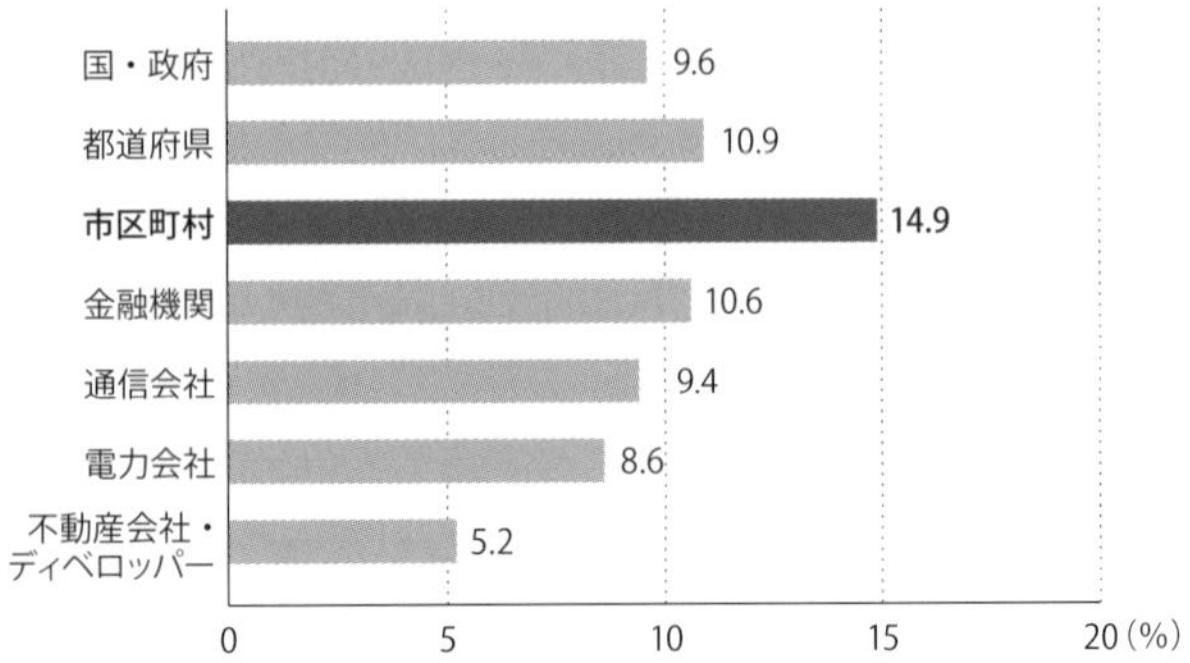

（出所）NRI生活者に関するアンケートより

あるが、強いていえばその割合が高いのは、地方の基礎自治体（市町村：15%）であることがわかった。地方への信頼という意味では、「都道府県」や「市町村」でもほぼ同じ割合であるのに対して、情報の活用度という点では市町村に軍配が上がった格好だ。

それはなぜか。別の質問で、具体的にどのようなメリットを享受するかという設問をしているが、安全や防災に貢献するというメリットが最も多かった（全体の5割弱）。これは先ほどの総務省アンケートの回答率（大規模災害等緊急時・防災）の3割強を上回り、ハリケーンなど災害が相次ぐ米国並み（52%）の高い水準である。次いで、生活費（光熱費）の軽減、治療や健康維持への貢献の順番であり、公文書など行政手続きの簡素化は全体の3割を下回る結果となった。

図表7-7　自らの情報を提供して期待するサービスについて

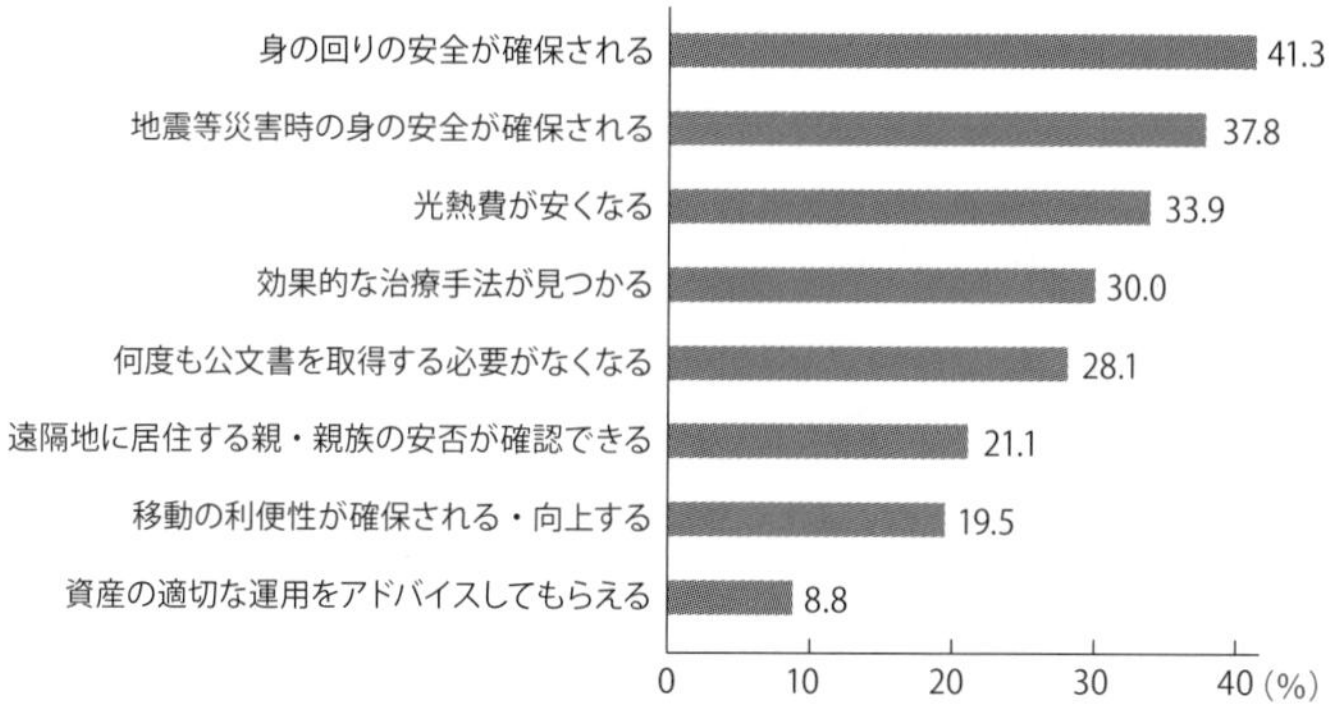

（出所）NRI生活者に関するアンケートより

このことから、日本では、いきなり国や地方自治体への信頼づくりを始めるのではなく、市民にとってフィードバックすることが有用な防災・健康・生活の利便性（インフラサービス）等の分野でデータの蓄積・活用をしつつ、その成果をもって市町村に対する市民の信頼を高めていく方法が有効ではないかと思われる。市町村が率先して、市民のデータをうまく管理・収集し、避難所の情報、備蓄の情報、インフラサービスの情報、検診・健康に関する情報を提供することが効果的である。

地方圏は大都市圏に比べてデジタル化を受容する環境が整っているといえる。国立社会保障・人口問題研究所の将来人口推計によると、地方都市圏の人口は日本全体よりおよそ5年早く、3大都市圏よりおよそ10年早く減少する。生産年齢人口では状況はさらに厳しく、人材不足解消などデジタル化の効果は、地方圏の自治体の方が高いと考えられる。地方圏の市町村がデジタル化の有望フィールドとなる。現在地方圏に属するマイナンバー普及率は軒並み10％を下回っており、超高齢化が進む大都市圏の自治体よりもむしろ低い。だからこそ、市民がデータ預託して良かった、という状況を創れれば、データ預託の行動が急加速で広がるポテンシャルを秘めている。

10万人規模都市でのデジタル化が有効

ではどの市町村でも良いのか。ＭＩＴのペントランドによると、イノベーションが生まれやすいのは「多くの友人同士もまた友人である：多くが知り合いである」状態であり、適度に交流が促進される10万人規模の都市が適正であるという。都市で居住する市民の顔がみえ、適度に交流が進む空間であるからだ。欧州では、イノベーションを起こす条件として、大学・研究機関、行政、企業（産業）の３つの主体に「市民」を加えた４つのプレイヤーが相互に高め合う環境（クワドリプル・ヘリックス・モデル：４つの主体間の交流による、らせん状のイノベーション創出システム）を形成することであるとしている(4)。

実際、欧州諸都市の生産性は日本のどの都市よりも高い。外貨を獲得できる経済構造が確立されており、イノベーションを通じて、次なるビジネスの種を生み出すシステムが具備されて

図表7-8　10万人規模の都市がデジタル化の効果を生む理由

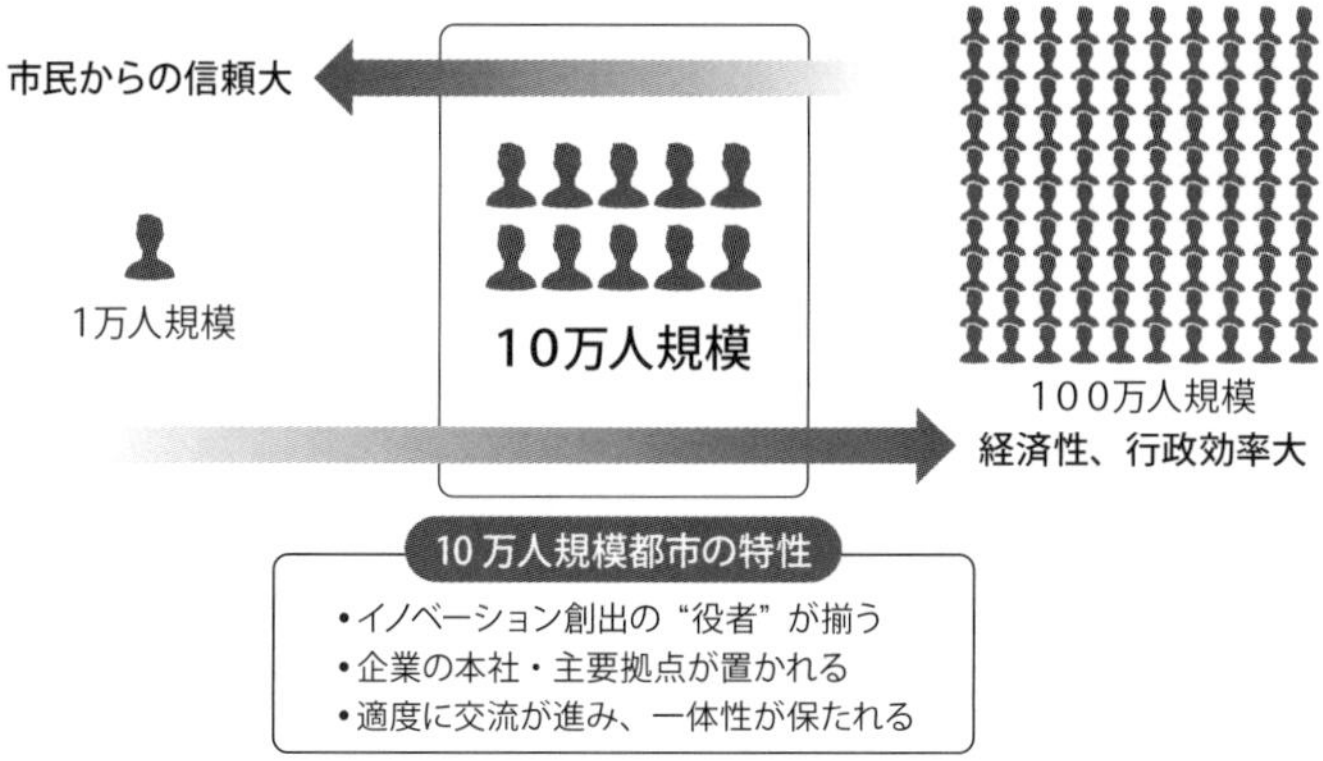

（出所）NRI

いるからである。

これらのプレイヤーが最低限揃うのが人口10万人レベルの規模の都市である。

イノベーションを生み出す欧州の雄・ドイツでは、10万人規模の都市に、高い生産性を発揮する例がいくつか存在する。ローカルハブ[5]と呼ばれるドイツの独立拠点都市圏である、エアランゲン、レーゲンスブルク、ハイルブロンなどの都市には、大学、研究機関（フラウンホーファー研究所）、企業の本社機能が存在し、相互に資本や人材を共有させつつ、新しいビジネスの種を生み、育てるフィールドとして機能している。このような循環のフィールドは、人口10万人規模の都市が最低単位になっているのである。

このような生産性を生み出す力を持った都市は、市民に対して安定的な雇用機会を提供する

図表7-9　我が国の主なデータ蓄積の取り組み例

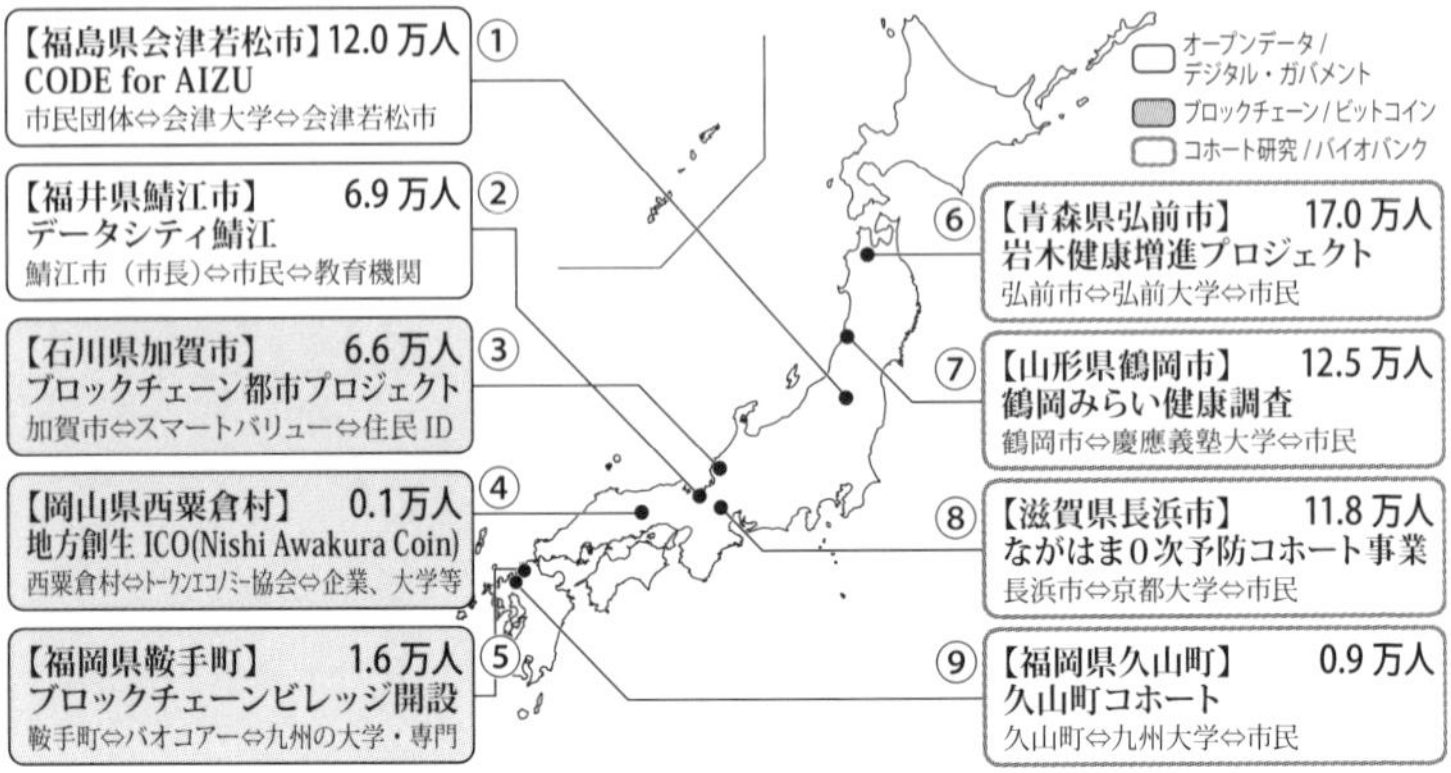

（注）①2020年2月1日現在。②2020年1月1日現在。③2020年1月1日現在。④2020年1月1日現在。⑤2019年12月現在。⑥2020年1月1日現在。⑦2020年1月末現在。⑧2020年1月1日現在。⑨2020年2月1日現在。
（出所）「ゲノム医療実現推進協議会」よりNRI加工

とともに、生活に必要な健康機能やライフラインを安定的に提供することができるため、市民からの信頼も高い。実際、会社から異動を命じられても、当該都市から単身離れる「転勤・単身赴任」ではなく、当該都市に居住するために当該地域での「転職」を選択する市民が多いと聞く（エアランゲン市ヒアリングより）。このような都市こそ、データ連携の礎が築かれる可能性があると考えられる。

日本では、地方大学や高等専門学校は、地方の10万人規模の都市や県内第2・第3都市に立地している。人材を育成し、信頼に基づくデータをイノベーションに変えていくポテンシャルがあるといえよう。

日本のデータ蓄積は10万人都市で活性化する

目下、オープンデータに取り組んでいる地方自治体（基礎自治体）は急速に数を増やしているが、まだ全自治体の3分の1にも到達していない。

一方、日本でも、人口10万人前後の都市を中心に、特定分野の市民データを取得・活用する動きがすでに始まっている。図表7-9は、オープンデータの活用を実践している主な都市を示したものである。

現在オープンデータの取り組みとして特徴的なのは、①コーホート・バイオバンクと呼ばれる住民や患者の健康データに関わる取り組み、②ブロックチェーン技術等を用いた住民データの共有化、③産業データの共有化の大きく3つである。その多くが中核的な都市の単位で行われているのが特徴だ。これらの取り組みは、スマートシティ（サービス）とデジタル・ガバメント（基盤）との調和を図るものとして期待される。なかでも、バイオ・健康系のデータを蓄積し、産業・社会に役立てていこうとする取り組みについてみると、人口10万人前後の自治体が目立つ。特にローカルハブとして、高い生産性を持つ産業が立地し、独立拠点を構築できる可能性のある都市は、地方圏のデジタル化を牽引していく可能性がある。以下いくつかについて紹介しよう。

山形県鶴岡市：健康医療データの蓄積・解析で健康意識が向上

山形県鶴岡市は人口約12・5万人（2020年1月末現在）を擁する山形県第2の都市である。2005年に6市町村の合併により1311・53㎢と広い面積を有している。市域面積は東北一であり、全国でも7番目（市では7番目だが市区町村だと10番目。択捉島《えとろふ》留別村を除く）、東京23区の倍近い広さである。

このような鶴岡市であるが、経済面でみると、量より質で存在感を発揮する都市であるといえる。大きく3つの観点がある。1つ目は産業面である。市内産業の売上高付加価値率をみると、農林漁業、医療・福祉、製造の3業種で全国を上回る値を示している。製造業については、山形県内の都市の中では、製造品出荷額こそ米沢市に譲るものの、1人当たり付加価値額（労働生産性）は山形県内ナンバーワンである。これは鶴岡市内において、高い付加価値を持つ製品を生産する拠点があることを意味する。

2つ目は研究面である。就業者数に占める研究者の割合を、東北地方の10万人以上の都市でみると、鶴岡市（0・2％）は仙台市、盛岡市に次いで3番目に位置する。2001年に設立された慶應義塾大学先端生命科学研究所が中心となって、国立がん研究センター、理化学研究所、山形大学農学部、鶴岡工業高等専門学校などが研究開発コミュニティを形成しており、ゲノム、メタボロームなどの研究を行っている。メタボローム研究の礎をつくったヒューマン・

メタボローム・テクノロジーズ、人工のクモ糸繊維の量産を世界初で成功させたSpiberをはじめ、唾液でがんの早期発見をする技術開発に成功したサリバテック、腸内環境の解析評価ノウハウをもつメタジェンなどバイオ関連のベンチャー企業が相次いで設立・スピンアウトし、着実に成長している。さらにヤマガタデザインといった不動産開発・管理の会社が、鶴岡市の都市機能に新たな価値を加えている。

こういった研究活動に従事する研究者・スタッフ等は全体で約500名に上り、そのうち地元出身者と地元以外から来た人の割合が4：6とバランスのよい構成になっている。このような鶴岡の研究開発とビジネス活動を生み出しているのは、単に施設や機械があることではなく、慶應義塾大学先端研の冨田勝所長をはじめ、研究・ビジネス・人材輩出をもリードするキーパーソンの存在である。

3つ目は交流面である。鶴岡市は、訪日客数こそ東北地域では仙台市、青森市、山形市といった主要都市に及ばないものの、訪日客による消費総額は東北で10番目、1人当たり消費単価は1番（約5・4万円）である。これは近年のスピリチュアル志向を追い風に、出羽三山の体験型観光に対する欧米からの訪日観光客の需要が高まったためであるとされる。

このような高生産都市、研究開発都市、観光資源都市である鶴岡市において、市民健康データを収集・活用する試みが行われている。「鶴岡みらい健康調査」と呼ばれるメタボロームコーホート研究だ。2012年から2014年にかけて市民1・1万人（35歳から74歳）の健康

図表7-10　鶴岡市の主なプレイヤー

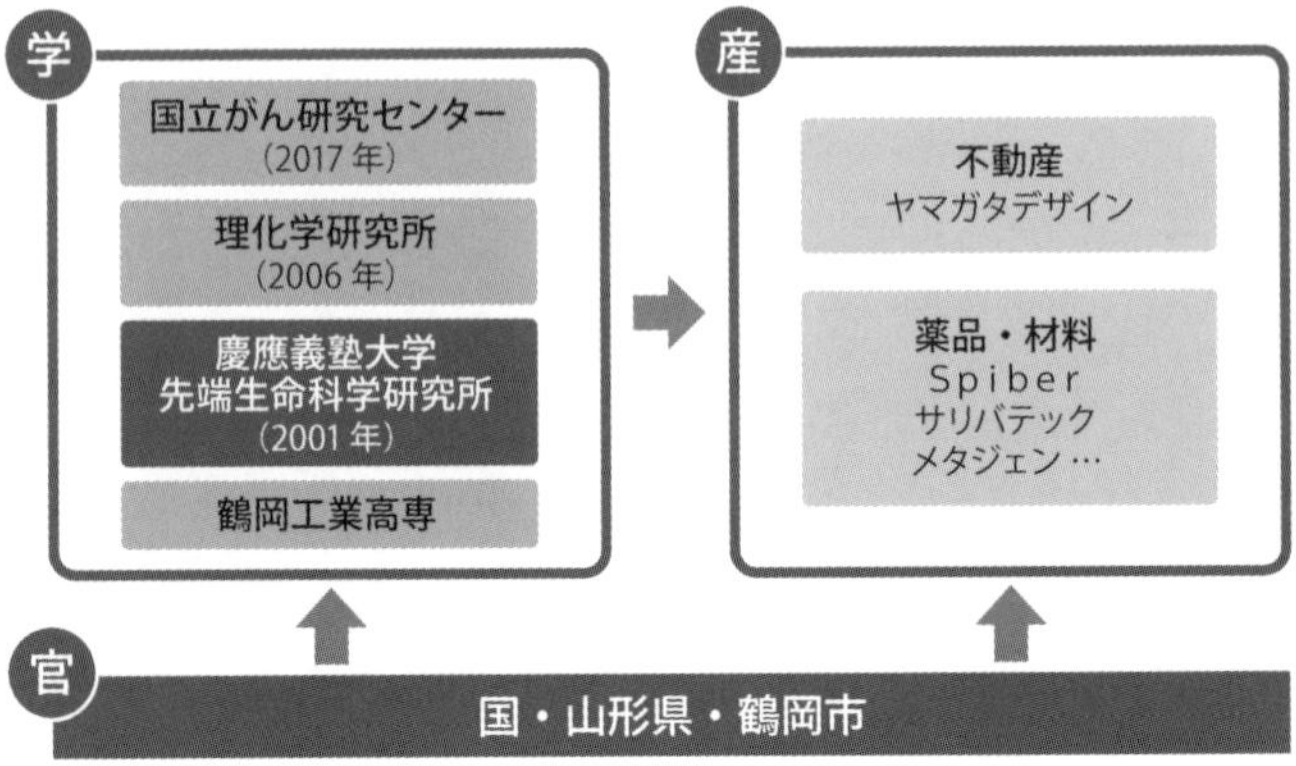

（出所）鶴岡市資料よりNRI作成

診断・健康調査のデータ（ベースライン調査）をまず蓄積し、慶應義塾大学先端生命科学研究所に預託、メタボローム解析をした上で、その後３年間隔のフォローアップ調査を継続的に実施することで、がんに冒されやすい体質・遺伝子やその予防法を地域健康活動という形で市民に提供している（講習会は２０１８年で13件など毎年10件強、２０１５年は41件も実施）。同様の分析を認知症予防調査という形でも実施しており、慶應義塾大学（からだ館）や市内の施設（地域包括支援センター）において健康相談を行うほか、医療機関を通じて治療に役立てられている。

　このような「鶴岡みらい健康調査」や「認知症予防調査」が継続的に実施されていることにより、鶴岡市民の健康（生体）データ提供の重要性が広まってきている。鶴岡市において、高い生産性を持つ産業・研究施設（人材）と市民のデータ提供・活用意識とが融合すれば、経済と生活の双方で豊かさを生み出すグローカルハブ（独立拠点都市圏）として成長していける可能性がある。

青森県弘前市：健診データのオープン化で活路を見出す

鶴岡市の北に位置する青森県弘前市も健診データをビッグデータとして公開・活用している事例として有名だ。弘前市は人口約17万人、人口規模でいうと県内第３の都市であるが、城下町を中心として発展し、弘前大学を中心に学術・研究・文化的な色彩の強い都市である。

弘前市は、弘前大学を中心に15年間・２０００項目に及ぶ健診のビッグデータの収集・分析・活用を行っている。短命県としての青森県の汚名を返上すべく、寿命革命の実現に資する取り組みが行われている。２００５年に、合併前の岩木町が町民を対象に岩木健康増進プロジェクト健診を開始し、２０１３年に当事業が文部科学省プロジェクトＣＯＩ（センター・オブ・イノベーション）に採択されたことにより現在に至っている。現在15年間分の健診および生活習慣のデータが集まっている。地元企業を含む産学官コンソーシアムの中には、製薬会社、保険会社、食品会社など大手企業も含まれている。データの活用は原則無償であるが、データ活用の成果を毎年公表・公開することを義務づけることによって、意思のある企業がデータ分析・活用にコミットできる環境を整備している。

このような弘前大学のビッグデータの取り組みは、すでに関係各方面で紹介されている。ここで示したいのは、このような弘前大学の試みが、弘前市を中心とした公的機関と市民との距離を縮め始めているという点だ。ビッグデータ解析に基づいて市民向けに運動教室が実践されているが、その中心となっているのは弘前市で養成した健幸増進リーダーだ。また健幸増進リーダーのほかに健康づくりを学び、実践し、地域につなぐ人として３００人ほどの健康づくりサポーターがいることも特徴だ。このような活動の積み重ねが市民の意識に変化をもたらしている。弘前市が毎年実施している市民意識アンケートによると、「市民と行政がパートナーとしてまちづくりに取り組んでいる」ことについて満足している割合は、全体の23％ながら過去最高の値を示している。

これからの弘前市の課題は、弘前大学のデータ蓄積・連携の試みを、市の経済力向上にどのようにつなげていくか、ということだ。弘前市では、「ひろさきライフ・イノベーション戦略～寝たきり〝ゼロ〟社会による健康都市ひろさきの実現～」を策定しているが、そこでは、オール弘前による健康増進を進めることと併せて、弘前大学ＣＯＩ（センター・オブ・イノベーション）拠点との連携、さらには産学官民によるデータに基づく協働を行政が支援する方向を示している。たとえば、弘前市が抱えている課題の克服案を大学が解明し、それを企業が事業化するという姿である。弘前市の場合は、大学主導のデジタル化に行政がどのように関与し、地域経済に還元していくかという点で、鶴岡市と同じプロセスだが、大企業との関係性が強い一方で、地元（大学）からスピンアウトする企業の割合が相対的に少ないのが特徴だ。全国の大学や各種組織とネットワークを有する国立大学を都市の活力にどう活かしていくのか、弘前市における取り組みは、国立大学を有する全国の県庁所在都市クラスの都市にとって参考になるものである。

石川県加賀市：段階的に電子政府の基盤を構築

石川県加賀市は、データの収集・蓄積そのものではなく、ブロックチェーンなど最新の電子技術を活用し、市民生活に資する電子政府基盤を構築している。数千もの行政サービスを精査し、市民・企業等のデータによりさまざまな行政サービスが展開される「データ駆動型社会の実現」を方針としている（第1弾として行政と市民の双方向型の認証基盤を整備することを発表した）。整備は大きく2つのタイプで進められている。1つは、ＧａａＳ（ガバメント・アズ・ア・サービス）に基づく住民ＩＤ認証基盤の構築だ。一度本人認証をすれば、あとは同一性のみを証明して、何度も申請しなくてもあらゆる行政サービスが受けられる仕組みであり、まさにエストニアの国民ＩＤに近い思想である。

もうひとつは、その技術に基づき、個人の属性に合わせた市民情報を提供する住民ポータルサイトの構築である。加賀市の特徴は、データ連携を目的化して、いきなり市全体のデジタル化に取り組むのではなく、構築可能な対象データから段階的なプロセスを踏んでいく点だ。市によると、スマートシティはそれなりに便利で効果を生むと思われるが、関係する主体もデータも多いため時間がかかる。加賀市としてはまずブロックチェーン技術を構築することにより、全国的に知名度を上げることができると考えた。

この方法は、先にデンマークやエストニアで紹介した電子政府を構築する正攻法だ。まずは市で登録・管理・活用可能な行政手続きから始め、それを活用して移動手段や商業サービスなどの公共サービスに展開しようとしている点は理にかなっている。ただ基礎自治体（市町村）としてコントロールできる行政サービスはまだ少ないとのことで、加賀市の場合も、免許証や戸籍謄本などといった行政手続きの範囲を広げることで、さらに効果が高まることであろう。電子政府のプロセスを遵守しつつ段階的にサービス拡充へつなげていく加賀市の試みは非常に重要であり、市が当初掲げた市内の産業活性化、企業立地に今後つながっていくことを期待したい。

必要なのはデジタル社会資本の構築とそのネットワーク

日本の国・地域にはこれから電子政府の波が一気に来る。そのときに重要なのは、デジタル化はあくまでも手段だという認識のもと、デジタル化による目標像をしっかり見据えることで

図表7-11　デジタル社会資本のイメージ

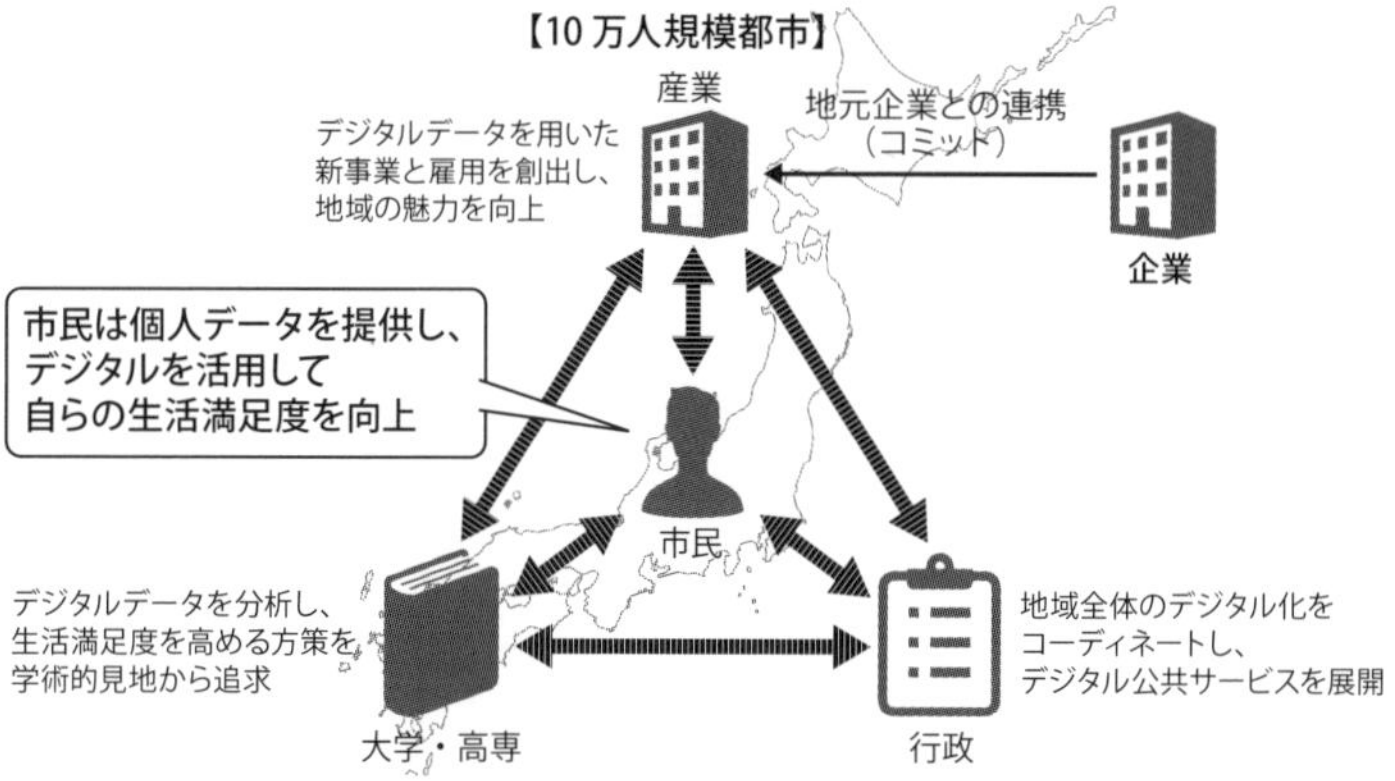
【10万人規模都市】
産業
デジタルデータを用いた
新事業と雇用を創出し、
地域の魅力を向上
地元企業との連携
（コミット）
企業
市民は個人データを提供し、
デジタルを活用して
自らの生活満足度を向上
市民
デジタルデータを分析し、
生活満足度を高める方策を
学術的見地から追求
大学・高専
地域全体のデジタル化を
コーディネートし、
デジタル公共サービスを展開
行政

（出所）NRI

ある。当面は、生産性の向上を通じて、高水準の所得を保証できる雇用先を確保できる可能性がある10万人前後の都市において、市民の信託をもとに効率的・効果的なスマートシティ＆デジタルガバメントを実現していくことが有効である。

単に手段としてのＩＴ基盤を整備し、「データを共有すれば何か良いことが起こるだろう」と待ち続けることは得策ではない。地方都市（地方圏）において、デジタル化を成功に導くためには、あらかじめ高い生産性が見込まれ、市民の理解が得やすい規模の都市（10万人程度）において、その都市に特徴的な分野（農業、健康、防災・避難等）のデータを、登録・蓄積・活用可能な「デジタル社会資本」として、地域の福利（ウェルビーイング）形成に活かしていくことが必要なのである。

都市のデジタル化を推進する政策的な枠組みはここ1～2年で強化されている。

２０１９年8月、スマートシティの取り組みを官民連携で加速するため、「スマートシティ官民連携プラットフォーム」が設立され、省庁を超えた国によるスマートシティ関連事業の促進を支援する枠組みが整った。これにより全国各地にスマートシティが構築される素地は整ったと思われるが、重要なのは、その取り組みを全国レベルへとどのように広げるかである。

地域をベースに信頼を浸透させていくときに大事なことは、ひとつのデファクト・スタンダードを全ての市町村に横並びに浸透させていくのではなく、特色ある都市を尊重するシステムをネットワークによってつなげていくことである。

市民情報は都市（特に10万人規模）単位で価値に変換されるとともに、企業・産業に関するデータ（企業の属性、企業誘致、起業に関する各種情報など）は、複数の都市で共有することで、その都市で活動する企業に一定の便益を与えることが可能となる。

欧州では、国を超えた都市や活動組織の単位で、企業の登録データ（産業データ）を連携・共有する試みが行われている。ＴｏｏＰ（The Once Only Principle）プロジェクトだ。

ＴｏｏＰプロジェクトは、２０１7年1月に欧州委員会によって組成された。２０１9年で3年目であるが、およそ３２００万ユーロ（50億円）を活用してデータを都市間（国間）で共有化し、ＥＵ圏内で自由に移動できる空間づくりに貢献するものである。このプロジェクトは任意参加で、現在19のＥＵ加盟国と2つの関連国、51組織が参加している。国単位ではなくあくまでも組織単位であり、行政組織、研究機関だけでなく民間企業も対象となっていることが特徴だ。全体のまとめ役・コーディネーターはエストニアのタリン工科大学が務めている。大国間の連携をリードするのは小国の機関の方が望ましいといわれるが、それを体現する試みである。

ＥＵではホライズン２０２０という中期計画があり、その実現に向けてひとつのＥＵを目標にさまざまな連携プロジェクトを実施している。ＥＵの場合、ＩｏＴや宇宙開発、航空機開発など、目にみえる技術開発系プロジェクトであればひとつにまとまるが、各国の国民性や文化・伝統に関わる分野では、とたんにまとまりにくくなるという。ＴｏｏＰは各国、各機関が保有する産業データを統合するという、国・組織にとって機微に触れる事柄でもあるため、今後どのようにプロジェクトが進んでいくのか注視していきたい。

一方、ドイツの中核都市では、高齢化の進展とネットショッピングの普及により、都市の中心市街地（商店街）をそのままネット（オンライン）に移行する動きが起こっている。実際の店の陳列棚をそのままネット上に再現している。その先駆けとなっているボーフム市都市圏（人口約37万人、２０１７年）のオンライン商店街（Bochumer Oribinale e.V、1年間で40店舗を目標）では、ネットショップによって販路が拡大し、地域内の商品・資源の購入が促進されただけでなく、複数の自治体の（類似の価格帯で異なる商品を扱う）オンラインショップとも連携し、提供できる商品の幅も広がったという。このように都市単位でも拠点構築とネットワーク化を進めることにより、デジタル化の効果を発揮させる取り組みが始まっている。

国豊と国富につながるデジタル化を10万人規模都市で実現

以上みたように、北欧や欧米とも異なる方法で、国（政府）や地方自治体のデジタル化を進めることで、国豊（国民の安心で豊かな生活の形成、生活満足度、消費者余剰で顕在化）や国富（企業や地域の生産性の向上や富の構築）の双方の効果が発揮される。

デジタル・ガバメントの実現によって、日々直面するさまざまな行政サービス・行政手続きが簡略化されることで、税・免許・相続などライフイベントに関わる諸手続きに要する時間が削減されるだけでなく、起業に関わる手続きや既存企業の税財務担当者の業務を削減させることができ、社内の人的配置が効率化されるなど、生産性向上に大きく寄与するのである。

またデジタル・ガバメントに基づき都市のサービスが展開されることにより、あらゆる世代の安全な移動、患者の最適な処置および搬送、災害時の適切な避難および被災地域への誘導、重篤な病になりにくい健康づくりなどの便益が享受でき、企業側も住民を顧客ととらえ、適切な商品・サービスが効率的・効果的に展開できるようになる。このように、生活者と企業への便益を目標に掲げ、その手段としてデジタル・ガバメントと都市のサービスを連携させていくことを戦略として展開することが重要である。

このような取り組みを加速するために、10万人規模の都市のデジタル社会資本（データ基盤の構築）を集中的に支援するイニシアティブを提案したい。たとえば都市の総合戦略や、ま

図表7-12　デジタル化におけるこれからの都市の姿

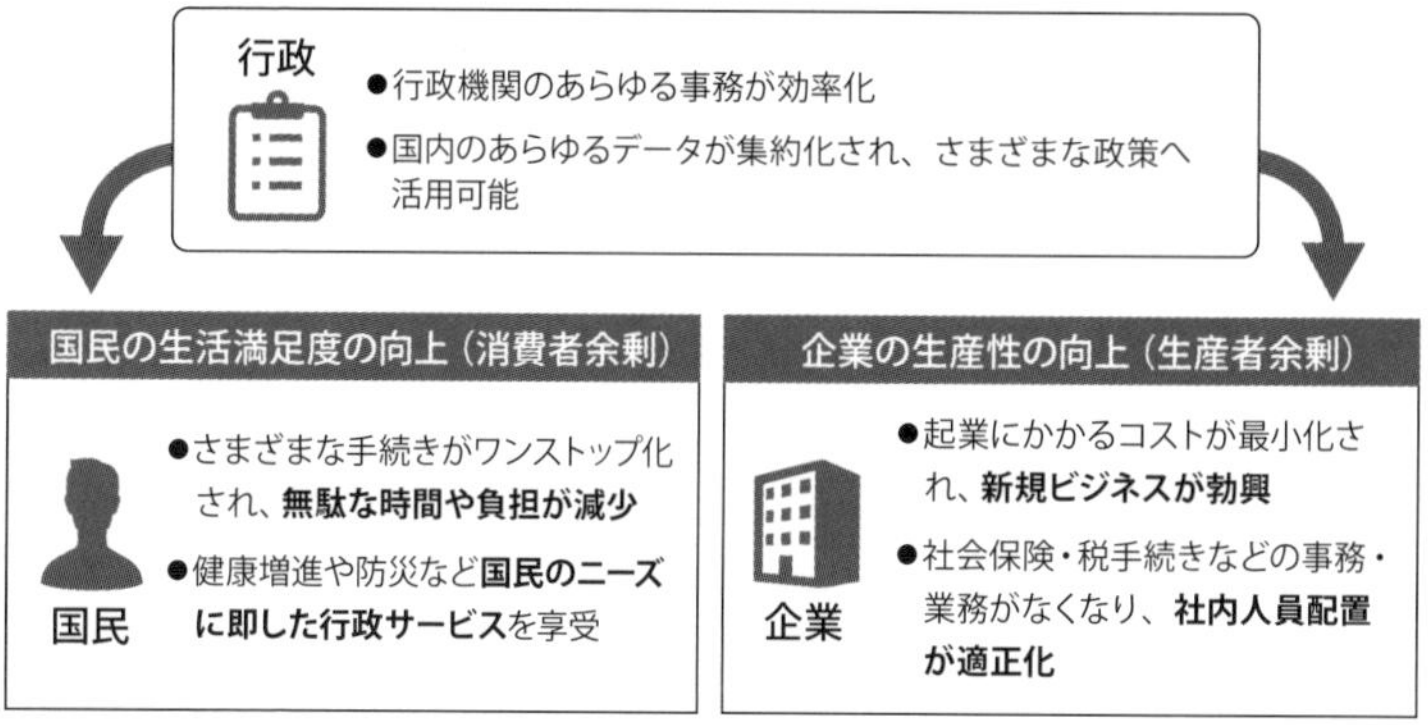

行政
●行政機関のあらゆる事務が効率化
●国内のあらゆるデータが集約化され、さまざまな政策へ活用可能
国民の生活満足度の向上（消費者余剰）
●さまざまな手続きがワンストップ化され、無駄な時間や負担が減少
●健康増進や防災など国民のニーズに即した行政サービスを享受
国民
企業の生産性の向上（生産者余剰）
●起業にかかるコストが最小化され、新規ビジネスが勃興
●社会保険・税手続きなどの事務・業務がなくなり、社内人員配置が適正化
企業

（出所）NRI

ち・ひと・しごと創生戦略とセットにし、デジタル化によって実現したい目標と合わせて、必要なデジタル化を支援するアラカルト方式の政策である。既存のスマートシティ政策とうまく連携していくことが鍵である。

これから10万人規模の中核的都市において、デジタル化が加速すると思われる。その中核となるのはイノベーションを担う産・学・官・民（＋α）で構成されたコミュニティだ。企業もそのコミュニティに参画することで、デジタル化に必要な経験を得られるに違いない。市民の幸せをつくりながら、外貨を獲得し、次の産業を育てる都市をつくれるかどうか。バイオ、健康分野はその重要な要素である。災害が多く、高齢化に悩む日本の都市は、そのポテンシャルがある。

第8章

デジタル資本主義のゆくえ

資本主義のゆくえを左右するデータ

本書では、デジタル資本主義の特徴として、消費者余剰という概念を軸にしながら、産業構造がａａＳ（アズ・ア・サービス）化していくであろうこと、企業経営において顧客の効用を起点としたビジネスがどう進化していくか、さらに市民起点化するデジタル公共サービスの姿を示してきた。ここでの共通点は、経済や社会が真の意味での利用者（市民）起点になるということである。

企業経営において「顧客志向」という概念はかなり前から提唱されていたため、多くの企業がすでに顧客志向の経営を実践していると考えているかもしれない。しかしその中身を詳しくみると、起点はあくまで生産者側であった。まず企業側に何かしらのアイデアがあり、その仮説を「一部の」消費者にぶつけて顧客ニーズを検証し、商品開発に適用するという意味で、消費者は受動的な存在である。

しかしデジタル資本主義では、これまで受動的だった消費者が、利用者（ユーザー）と呼ばれる存在になる。[1] 利用者が自身のデータを企業に提供することから物事が始まるということで、真の意味でのユーザー起点でビジネスが行われるようになる。

日本では、ユーザーが企業に直接データを提供するのではなく、情報銀行という組織を通じて間接的にデータを提供する仕組みも登場した。情報銀行は各人から個人データを預かり管理・運用するということで、実際の機能は信託である。運用に当たっては、個人の指示もしくはあらかじめ指定した条件に基づき個人に代わり妥当性を判断の上、データを第三者（他の事業者）に提供する。まさに間接金融ならぬ間接「情」融とでもいえる仕組みである。

デジタル資本主義では、さまざまなデータが価値創造の源泉になるわけだが、そもそもデータとは経済的にはどんな存在なのだろうか。この問いかけに対するコンセンサスは存在しておらず、世界的な議論が進行中である。我々は、この問いかけこそが、デジタル資本主義のゆくえに大きな影響を及ぼすと考えている。そこで最終章では、「データの経済的な意味」という問いかけを通じて、デジタル資本主義のゆくえについて議論していきたいと思う。

データの価値

データの経済的な意味を考えるということは、データに経済的な価値があるのかを考えるということでもある。端的に言えば、お金を払ってでも手に入れる価値はあるのかという質問である。こう問いかけると、データ自身には経済的な価値はないが、データが加工処理された「情報」あるいは「知識」になれば経済的な価値があるのだという意見が出てくるかもしれない。しかしこれだと、まるで石油製品には価値があるが、精製前の原油には価値がないと言っているかのように聞こえてしまう。

あるいは、データ（情報）の中身による、つまり経済的な価値をまったく持たないデータもある一方で、大金を払ってでも購入したいデータもあるだろうという意見が出るかもしれない。そうなると、データのどんな特徴が経済的な価値を生み出すのかという話になる。

クロード・シャノンは、情報の価値を事象の発生確率で表し、起こる確率が極めて低い事象に関する情報の価値が高くなると考えた。[2] たとえば2009年の世界金融危機が起こるという情報が2008年に得られたとしたら、その情報を得た人にとっての経済的な価値は極めて高いといえる。[3] ほかにも、情報がない場合の行動から得られる効用と、情報がある場合の行動から得られる効用の差をその情報の価値とみる見方もある。たとえば、何の情報もなく自分の知識だけでパソコンを購入した場合と、パソコンに詳しい知人からアドバイスを受けてパソコンを購入した場合の効用の差がそれに該当する。おそらく後者の方が、安価により良いパソコンを購入することができるはずだからである。

これらの理論は多くのケースで適用できるが、いずれも実利的なデータを対象としている。つまり利得があったということが大前提になっているが、たとえばユーチューブでは、実利的とはいえないけれども面白いという動画すら、広告収入という面で経済的な価値を生み出している。梅棹は、このような情報をコンニャクにたとえて（注：コンニャクは栄養摂取面ではなんの役にも立たない）、世の中にはコンニャクのような情報も存在しているけれど、それらも無意味ではなく何かしらの価値があるのだと述べている。[4]ユーチューブの動画でいえば、広告主は人目を集めること自体に価値を見出すかもしれない。またその動画を通じて笑いや癒やし、あるいは幸福感が得られたのであれば、それは視聴者の効用を高めたと言えるし、コンニャクが「排出」に役立っているように、視聴者のストレスを外に排出してくれるという価値があるのかもしれない。

データの6～7割は活用されていない？

データの経済的な価値をどうみるかにかかわらず、データが有効に使われているのか、という別の視点もある。データトラフィック量は年々指数関数的に増加しているけれども、果たし

図表8-1　データの企業経営上の位置づけ

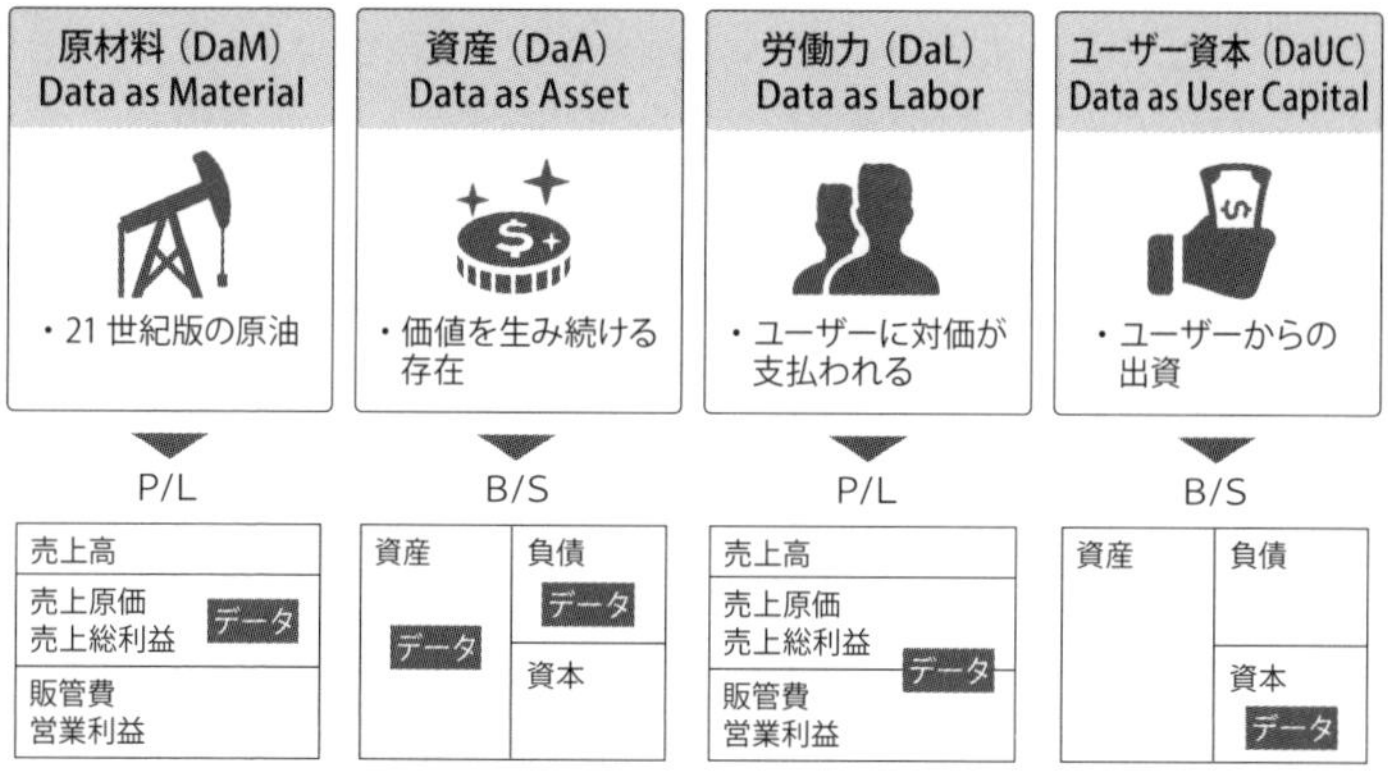

（出所）NRI

てそれらのデータは利益や消費者余剰を効率的／効果的に生み出しているのだろうか。米国のある調査会社によると、企業が溜め込んでいるデジタルデータのうち、平均して60～73％は使われていないという。(5) いくつかの可能性がある。第1に、企業が集めたデータの多くは、事業に役に立たないものばかりだったという可能性。第2は、企業のデータ分析能力がデータの増加に追いついておらず、集めたデータを活用できていない、という可能性である。あるいはデータ分析コストがかさんでくるため一部のデータしか分析できない、という可能性もありうる。

現時点では、多くの企業がデータを集めることに意識が集中している感があるけれども、データ利用の効率性、有効性という概念はこれから重要になっていくことは間違いない。

データは企業経営上どういう存在なのか

そこでデータが企業経営上どのような存在なのかを考えてみよう。言い換えると、企業の財務諸表上、データはどこに位置付けられるのか、という質問である。なお最初にお断りしておくと、民法上、データはだれかのモノとして規定できないことになっている。知的財産権として保護されるデータ（情報）は存在するけれども限定的であって、現在の法律上は、データは特定企業あるいは各ユーザーのモノという言い方はできない。つまり所有権や占有権を通じてデータを保護することはできず、データの保護は原則として利害関係者間の契約を通じて図られることになっている。[6] そのため以下の議論はあくまで経営的な視点であって、法律的な議論ではないことに留意いただきたい。図表8－1にはこれまで提示されてきた4つの見方を示している。以下それぞれを説明しよう。

（1）原材料としてのデータ（DaM）

データを資源としてみるという視点は広く浸透している。特に、データは「21世紀版の原油」だという比喩で表現されることが多く、英国の『エコノミスト』誌は2017年5月号で、グーグルやフェイスブック、アマゾンなどのデジタル・プラットフォーム企業が、海上オイルリグ（海上の原油掘削基地）を操業しているイラストを表紙にして、「世界で最も価値のある資源：データと新しい競争ルール」という特集を組んでいる。ＧＡＦＡ（グーグル、アマゾン、フェイスブック、アップル）と呼ばれる巨大デジタル・プラットフォーム企業を、21世紀版のオイルメジャー企業とみなしているのである。原油が精製過程を通じてさまざまな工業製品に形を変えていくように、データも分析を通じてさまざまな情報へと形を変え、付加価値を増していくという見方である。大量のデータから何らかの知識を得ていく過程を「データマイニング（採掘）」と呼んでいるのも、データを鉱物資源のようなものとみている証拠である。

これをより一般化すると、データを原材料の一種としてみていることになるので、「原材料としてのデータ（ＤａＭ：データ・アズ・マテリアル）」と呼びたいと思う。企業の財務諸表に当てはめてみると、損益計算書の売上原価の中で取り扱われる存在だということになる。つまりデータは企業が何らかの製品・サービスを提供する際の原材料のひとつだという見方である。

データを原材料とみる場合、データの価値は需要と供給、つまりそのデータに対する需要とデータの希少性（供給）が問われてくる。たとえば、エベレストを登山中の人のバイタル情報を考えてみよう。高度８０００メートル以上の環境で、人間の体にどういう影響が起きるのかというデータは希少性が高い。しかも医学に携わっている研究者からすれば価値があるということで、その情報の需要者も存在している。あとは需要と供給のバランスで価格が決まる、という発想である。

（2）資産としてのデータ（DaA）

鉱物資源などの原材料は、一度使えばエネルギーとして燃焼してしまうか、加工物の一部になって二度と他の用途では使えなくなる。それに対して、データを資産としてみる、つまり同じデータが何度も価値を生み出す、という見方も存在する。これを「資産としてのデータ（DaA：データ・アズ・アセット）」と呼ぼう。企業経営の視点からいえば、データを1回で使い切るのではなく、何度も価値を生み出す存在にするということは重要である。

実際、デジタルデータは年月が経ってもその「形」は減耗しない。つまり価値を何度も生み出すことが理論的には可能である。たとえば顧客の属性データ（性別、住所、家族構成、収入など）はそこまで頻繁に変わるものではなく、何度も活用されて、企業利益を生み出すだけでなく消費者余剰も生み出すだろう。これを企業の財務諸表の視点からみると、データは貸借対照表（バランスシート）の左側、すなわち資産に含まれるような存在だということになる。

もちろんこれはデータが企業のモノであると仮定した場合の話である。日本で議論が進んでいる情報銀行の仕組みは、同じくデータを資産のように扱うけれども、データはユーザーの資産で、ユーザーから預託されたものと位置付けている。この場合は、データを利用する企業にとっては、貸借対照表の右側の負債のような位置づけとなる。

いずれにせよ、データを資産（DaA）とみる場合は、そのデータが一定期間中に生み出すであろう価値の総和を考える必要がある。あたかも債券が利子を一定期間生み出すように、同じデータが何度も価値を生み出すのである。するとデータの価値はどうやって算出できるのだろうか。ファイナンスの教科書に書かれている資産価値の算出方法を参考にするならば、データが将来にわたって生み出すであろうキャッシュフローもしくは消費者余剰を現在価値に割り引くことで「理論価格」が算定される、ということが、アイデアとしては考えられる。

ただし実際の推計は非常に困難である。まずデータは、物理的な資産と異なり、データが増えるにつれて価値が逓増的（指数関数的）に増加する可能性がある。以前は価値がなかったデータであっても、別のデータがどんどん組み合わさることで有益な示唆が得られるといったケースである。逆に、1か月前には価値があると思われていたデータが、事業環境の変化によって無価値に転じる可能性もゼロではない。

さらに、資産価値の算定にあたってはコストも考慮する必要があるが、この算定も難しい。データにかかわるコストはゼロではない。確かに複製コストは限りなくゼロに近いものの、データ収集コスト、データ保管コスト（サーバー購入もしくは外部のクラウド利用）、データ分析コストが発生する。それらのコストの時間的な流列を想定することは大きな困難を伴うだろう。

(3) 労働力としてのデータ（DaL）

コンピュータ科学者で音楽家でもあるジャロン・ラニアーは、ユーザーが提供するデジタルデータを労働力（ＤａＬ：データ・アズ・レイバー）として扱うべきだと主張している。これはデータのオーナーシップを、意図的にユーザー（個人）に帰属させ、そのデータが生み出す付加価値の一部はユーザーに還元されるべきだという思想からきている。[7]

ラニアーは労働の歴史を引き合いにＤａＬの根拠を説明している。中世の封建主義時代を振り返ると、人間の労働力は領主の所有物であった。しかし産業革命後の近代と呼ばれる時代に入ると、労働市場なるものが形成され、各人の自由意思で労働力が取引され、労働者と呼ばれる人々がその対価を受け取るようになったのである。

つまりラニアーは、かつての労働と現在のデジタルデータを重ね合わせ、今は無料で個人が提供しているデジタルデータもいずれは労働力のように有償にして、データが生み出す対価を個人に分配せよと主張していることになる。これに従えば、ネットにつながって何らかのデータを提供している人全てが賃金のような形で新たな収入源を得ることになる。これを企業経営の視点からみると、現在の労働力と同じく、損益計算書の中の労務費的な位置づけとして扱われる存在だということになる（製造原価か販管費の一部）。

データを労働力（ＤａＬ）とみる場合は、その生産性の高さが価値を決める[8]ということになるのかもしれない。すなわち、当該データが企業の利益にどのくらい貢献したかで価値が決まる。労働力の場合、歩合制の販売員を念頭に置けばわかりやすいように、収入の違いは時間当たりの販売額の違い、すなわち労働生産性の違いからきている。それと同じく、ＤａＬでは

「データ生産性」（データ1単位当たりの利益創出額）の高低によってそのデータの価値が決まることになるのだが、データ生産性はデータ提供者の能力ではなくむしろ企業の能力に依存していること、また現実問題として個別のデータにいくら支払われるべきか、という問いかけに答えるのは至難の業であろう。

（4）ユーザー資本としてのデータ（DaUC）

「労働力としてのデータ（DaL）」と同じく、データが生み出す金銭的価値をユーザーに分配すべきだという思想から生まれたのが、「ユーザー資本としてのデータ（DaUC：データ・アズ・ユーザー・キャピタル）」である。米国カリフォルニア州知事のギャビン・ニューサムは、2019年2月に「データ配当」制度のアイデアを検討すると述べた。これは、データをユーザーからの出資とみなして、企業がデータから得た利益の一部をユーザーに配当金として還元するというアイデアである。企業の財務諸表でいえば、データを貸借対照表の右側の資本のような存在として考えていることになる。

シリコンバレーを擁するカリフォルニア州政府は、データに関する市民の権利保護に積極的に取り組んでいて、2018年には市民の強い要望を背景に消費者プライバシー法（CCPA）を制定した。2020年1月から施行されるこの法律では市民にいくつかの権利が付与されていて、たとえば企業のプライバシーポリシーを知る権利や、企業が個人情報を他者に売却することを拒否する権利、また欧州委員会（ＥＵ）が導入した「忘れられる権利」に似た、個人情報を削除できる権利が明記されている。

新知事によるデータ配当のアイデアは、消費者プライバシー法に次ぐ市民の権利強化を意図したものだが、まだアイデアの検討段階で具体的なプランはない。そもそもデータの価値をどう評価したら良いのか、配当金の額はだれが決めるのか、またカリフォルニア州だけがその制度を導入しても、租税回避と同じく企業はカリフォルニア州以外に本社を移転するだけではないのか、といった指摘がある。また、データ配当制度が導入されると、プライバシーがお金持ちだけの贅沢品になってしまうのではないかという懸念も表明されている。[9]どういうことかというと、個人データを提供する見返りにお金（配当）がもらえるということになれば、低所得者層ほどプライバシーを犠牲にしても良いと考えるようになる。つまり本当にプライバシーを確保できるのはお金に余裕がある富裕層だけになるのではないか、という懸念である。

ＤａＬ（労働）もＤａＵＣ（ユーザー資本）も、デジタルサービスを利用する人全てが新たな収入源を得る、ということで、先進国の場合は事実上国民の大多数が対象になるだろう。そうすると、一部の国で議論や社会実験が行われているベーシックインカム（国民全員に条件なしで一定金額を支給するというアイデア）のような役割を果たすようになる可能性がある。しかし前述したように、特定地域（例：カリフォルニア州）だけが導入しても効力はほとんどないだろうし、そもそもデータの対価はどう計算・設定するのか、という大きな壁が立ちはだかっている。

コモンズとしてのデータ（DaC）

ここまでは企業の財務諸表の枠内でデータの存在を考えてきたが、データを企業の財務諸表外の存在としてみる見方もある。それはデータをコモンズ（共有財）としてみる見方である。言い換えれば、データは個人のモノでも企業のモノでも国のモノでもないということになる。これを「コモンズとしてのデータ（ＤａＣ：データ・アズ・コモンズ）」と呼ぼう。

コモンズとは、漁場や農業用水利、入会地（村落共同体が共有している山林や草刈り場）のように、構成員によって管理、利用されているものである。２０１３年、ＭＩＴをはじめとした複数の研究機関による研究コンソーシアムが、コートジボワールを対象に、携帯電話の使用パターンデータをもとにした「ビッグデータ・コモンズ」を構築した。研究チームはこれらのデータを用いて、コートジボワール最大の都市アビジャンの平均通勤時間をわずかなコストで10％削減できる方法をみつけ、さらに公衆衛生システムのわずかな変更でインフルエンザの流行を20％抑制する方法も発見したという(10)。

しかしデータをコモンズとして扱うと、個人のプライバシーが侵害されてしまうという懸念もある。ＭＩＴのペントランドによれば、コートジボワールの事例では、データは高度なアルゴリズムで処理され、個人を特定化することはできないとのことだが、データのコモンズ化（共有化）は、コモンズ化するデータの範囲を限定し、プライバシー保護も確保されることが必須である。またコモンズの運営をスムーズに行うためには、メンバー間にある程度の信頼と、参加者全員が納得するルールがないといけないわけだが、国全体や地方などの巨大な規模でデータ・コモンズが成立するかどうかは、かなりのハードルがあるように思える。

税制に対するインパクト

現在ＯＥＣＤを中心に、デジタル・プラットフォーム企業からいかにして徴税するかの議論が盛んに行われている。たとえば欧州では、伝統的な企業の税負担率平均が23・2％であるのに対して、高度にデジタル化された企業の税負担率は９・５％しかないといわれている。[11] デジタル・プラットフォーム企業の場合は、課税の根拠となる物理的な拠点なしでも世界中に対して容易にサービス提供ができるため、サービス利用者がいる国の政府が徴税できないというケースが発生する。さらに、伝統的な企業は価値を生み出している工場や研究所を簡単に移転できないのに対して、デジタル企業の場合は、ビジネスを支えるプラットフォームなどの無形資産を低税率国（タックスヘイブン）に簡単に移管することができ、グループ企業間の社内取引を通じて、利益の大半を低税率国に集めることで、いわゆる租税回避がしやすいといった側面がある。

租税回避への対策としては、①デジタルサービスの利用国にも課税根拠を認めて、プラットフォーム企業に法人所得税を課す、②サービス利用国が源泉地国として源泉税を徴収する、③サービス利用国で消費課税する、の3つが議論されているが[12]、つきつめれば、価値がどこで生み出されているのか、の議論ともいえる。データ提供者であるユーザーが、能動的に価値創造に関与しているとみなすのであれば、サービス利用地で課税する根拠になる。逆にデータ自体は石ころのような存在で、プラットフォーム企業がそれを研磨・加工した時点（つまりデータ→情報への変換）で価値を持つようになるとみるなら、プラットフォーム企業への課税が正当ということになる。

これらの議論を、前述した5つの視点に絡めると状況はさらに複雑になる。DaL（労働）やDaUC（ユーザー資本）の場合は、明らかにユーザーが価値創造の一端を担っているとみなしていることから、ユーザーに課税する根拠が生まれるのだが、そもそもこの2つは、ベーシックインカムのように、大規模な所得分配をほぼ国民全員に促すことを想定している仕組みなので、それに対して課税する（つまりその流れをさえぎる）のは本末転倒ではないか、という議論が引き起こされる可能性がある。

本格的なデジタル資本主義はこれから始まる

2019年末時点で、データのほとんどが無料で提供されている。そして本書で繰り返し述べているように、プラットフォーム企業はその対価としてユーザーに対して無料もしくは安価なデジタルサービスを提供し、莫大な規模の消費者余剰が生まれている。デジタル・ディスラプション（デジタル技術による業界破壊）によって莫大な消費者余剰が生み出されている半面、生産者余剰は圧迫される傾向にある。

資本（お金）の流通・蓄積を伴ってこその資本主義である。ゆえに生産者余剰の圧迫が多くの産業で起こるとしたら、お金が一部の企業・人間にしか流通しなくなるということで、それは資本主義の存続が危うくなることを意味している。つまり現在起こっていることは、資本主義終焉の序章だという見方もできなくはないが、正確には資本主義の不安定性が増していると表現すべきだろう。これはデジタル技術の影響だけでなく、市場の自由度が高まったことの代償でもある。[13]

そのような資本主義に全く新しい要素が注入されようとしている。それはデータの市場化である。確かにDaC（コモンズとしてのデータ）のように、匿名性を確保した上でデータを共有財として扱い、参加者が無料で利用する、というスキームも考えられるが、その対象は限定的だとみている。匿名性を確保した限定的なデータでは、生み出せる価値に限界があることから、ユーザー個々人の特性を考慮した質の高いカスタマイズ・サービスの提供は、ＤａＣでは難しいからである。

さらにいえば、世界経済の大きな問題のひとつである行きすぎた経済格差を是正するためにも、データを有償化・市場化することでお金を経済の中で還流させようとする可能性がある。そしてこれこそが本格的なデジタル資本主義の始まりなのである。

どういうことか。18世紀の産業革命後に興った産業資本主義では、労働力と土地が市場で取引されるようになった。カール・ポランニーは、これを市場システムによる人間と自然の支配、と呼んでいる[14]。現在に目を転じると、データはまだ市場を通じて大規模に取引されておらず、ポランニー流にいうならば、資本主義はいまだデータを支配していないことになる。すると足元の状況は、資本主義というよりも封建制度の方が近いといった方が良いのかもしれない。たとえるなら、ＧＡＦＡが強力な封建領主で、ユーザーはその保護下にある領民のような存在ということになる。強力な封建領主がユーザーを囲い込み、ユーザーからのデータ提供の見返りに消費者余剰という名の便益を提供しているといっても良い。

すると今後の展開として考えられるのは、データがユーザーの管理下におかれ、ユーザーの自由意志のもとで市場を通じて大規模に取引されるようになることだ（情報銀行のような信託も含む）。そして各データが「封建領主」の束縛から解放されるシナリオである。これこそが本格的なデジタル資本主義の到来なのである。そして先ほどから議論しているように、データをどうみるかで、その様相が大きく変わってくる。

デジタル資本主義を牽引するのは人間

多くのものがデジタルデータ化される世の中において、資本主義がデータを支配するようになると、自律的な市場システムによる人間、自然、機械のさらなる支配が進む、というような懸念が起こるかもしれない。資本主義の終焉シナリオよりも、むしろこちらの方がよほど恐ろしいシナリオかもしれない。

このようなシナリオと、現在進行中のロボット、ＡＩの飛躍的な進化状況を考えると、エーリッヒ・フロムが『自由からの逃走』で描いた分岐点に人類が再び立たされているのではないかと感じてしまう[15]。それは、人間がデジタル技術によって「積極的な自由」を追求するようになるのか、そうではなく「自由から逃走」してしまうのか、という分岐点である。

フロムは、産業革命後の人間が、封建領主や土地、あるいはさまざまな慣習などの束縛から自由になったけれども（フロムはこれを「消極的な自由」と呼ぶ）、同時に孤独感、無力感を強めたため、より大きな権威に従属することで「自由から逃走」し安心感を得る行為に走ったと指摘している。

ひるがえって現代社会をみると、ＡＩやロボットがますます人間の労働を担い、人間ではとうてい不可能な量の情報を処理して、最適な選択肢を提示、人間はその指示に従うことが最善なのだという時代の幕が上がったかのようである。このような流れから自分の無力感を強め、AIの指示に身を任せてしまうのが、デジタル資本主義版の「自由からの逃走」である。そうではなく、デジタル技術を活用してなりたい自分になろうとする、フロム流にいえば「積極的な自由」を追求するのがもうひとつの選択肢である。

我々は人間の能動的な役割、つまりデジタル資本主義を牽引し、その道筋を決めるのは依然として人間の役割だと考えている。その理由を3つ述べよう。第1に、市場は人間の手でデザインすることができる。ノーベル経済学賞を受賞したアルヴィン・ロスは、市場は価格メカニズムを備えた万能なオートマトン（自動機械）のような存在ではなく、人間が市場をデザインできることを実証した(16)。

データの取引についても、さまざまなアプローチが議論されている。その取り組みのひとつが、世界経済フォーラム（WEF）やMIT、ロンドン大学らによる、オープン・アルゴリズム（OPAL）プロジェクトだ(17)。OPALの主旨は何かといえば、データが移動するのではなく、アルゴリズムに移動させる、という意図がある。つまりユーザーデータは各人の資産（資本）のような存在となって、PDS（パーソナル・データ・ストア）などに大事に保管され、そこから外に出ることはない。むしろ移動するのはプラットフォーム企業のアルゴリズムで、アルゴリズムがPDSなどに出向き、サービス提供に必要な加工情報だけを持って帰る、という仕組みである。その意味ではデータ自体が売り買いされるのではなく、まさにデータという資産が預託運用されるようなイメージであろう。実際、日本で取り組みが始まったばかりの情報銀行においても、事業者によっては自社でユーザーデータを集めて保管するのではなく、ユーザーデータ側にあるアプリを通じて加工情報だけを入手しサービス提供するような形態をとっているところもある。どういう市場を創りたいか、市場のデザインは人間の意思に依存する。

第2に、人間の嗜好は極めて多様であり、非合理的、あるいは不条理なこともある。そしてデジタル資本主義では、各人のこだわりの違いが利益の源泉のひとつとなる。人口爆発が終焉する時代においては、各人のこだわりを反映させ、高い効用を提供する商品・サービスを提供しなければ利潤を得られにくくなるだろう。逆説的ではあるが、アルゴリズムが人間のこだわりを掘り起こそうとすればするほど、人間の非合理性、不条理性に振り回されるようになる。

第3は、第2の点とも関係するけれども、価値創出、つまり顧客の支払意思額を最後まで高めることができるのは、人間しかいないという点である。確かにＡＩ（人工知能）によるデータ分析は個々のユーザーの効用を最大化するようなパーソナライズされたサービスを生み出してくれるかもしれない。またデジタル技術の活用は効率性の飛躍的な向上やコスト削減をもたらしてくれる。しかしこれも逆説的ではあるが、そのようなデジタル化されたサービスが普及すればするほど、アナログなもの、あるいは人間とのやりとりの「希少性」が高くなり、それらに対する支払意思額も高くなっていくだろう。(18)

よってデジタル資本主義における理想的な価値創出とは、企業とユーザーの価値共創だけでなく、デジタルとアナログの価値共創、あるいはＡＩと人間の価値共創を通じて行われるべきだということになる。アダム・スミスは『国富論』のなかで、生産面での分業（専門化）が生産量、すなわち社会の物質的充足度を飛躍的に高めたことを指摘しているが、デジタル資本主義においては価値共創、あるいは効用面での分業が、顧客の効用を飛躍的に高める時代になるだろう。そして、そこでの主役は、あくまで人間である。

注

序　章

（1）アダム・スミス『国富論』（上）、山岡洋一訳、日本経済新聞出版社、２００７年。第1編第1章「分業」を参照のこと。１人でピンを製造したら1日20本が限度だが、10人で分業すれば1日に4万８０００本（つまり1人当たり４８００本）製造できる、と述べている。

（2）アダム・スミス『国富論』（上）、山岡洋一訳、日本経済新聞出版社、２００７年。第2編第3章「資本の蓄積と、生産的労働と非生産的労働」を参照のこと。

（3）環境破壊がむしろＧＤＰを増やす可能性すらある。たとえば、大気汚染がひどくなると、空気清浄機やマスクの売り上げが伸びることを通じてＧＤＰは増加するかもしれないが、国民の福祉水準はむしろ低下している。

（4）宇沢弘文『経済学の考え方』岩波新書、１９８９年、21ページ

（5）ネガティブの例としてはネット中毒、オンライン上のフェイクニュース、ＳＮＳ疲れなどの現象が挙げられる。

第1章

（1）「サテライト勘定」という枠組みの中で参考値として計算が行われているが、あくまでＧＤＰ本体には含まれない境界外の存在である。

（2）その他にもジャパニーズ・オークション、ダッチ・オークションなどの方式が存在している。

（3）次点が90万円なら、90万とび1円の金額を支払えるのは最高入札者だけになるので、実際の落札価格は

90万円となる。

（4）河田皓史、平野竜一郎「インターネット通販の拡大が物価に与える影響」『日銀レビュー』２０１８年６月

（5）Alberto Cavallo, "Are Online and Offline Prices Similar? Evidence from Large Multi-Channel Retailers" *American Economic Review*, 2017

（6）国連による地域別の人口予測値をみると、アフリカだけ人口急拡大が２１００年まで続くのに対して、欧州はすでに減少局面に入りつつあり、アジアは２０６０年頃、北中米は２０７０年頃から人口は減少局面に入るという見通し。もしアフリカの人口増加率が低下してくれば、世界人口全体が減少局面に入る可能性もある。

（7）文明評論家のジェレミー・リフキンは、現在のデジタル革命を「第３次産業革命」の延長だと主張し、第４次産業革命とは量子コンピュータが汎用化されるような世界だと述べている。

（8）此本臣吾監修、森健、日戸浩之『デジタル資本主義』東洋経済新報社、２０１８年、第2章、第8章

（9）"Digitization of the World", IDC, Nov. 2018

（10）ユーロモニター社のMichelle Grant氏ブログ。（https://blog.euromonitor.com/megatrends-shaping-the-retail-landscape/）（２０１９年5月13日にアクセス）

（11）総務省「平成29年版情報通信白書」図表1-1-1-6

（12）アレックス・ペントランド『ソーシャル物理学――「良いアイデアはいかに広がるか」の新しい科学』小林啓倫訳、草思社文庫、２０１８年、第2章

（13）詳しくはシマード教授によるTEDx Talks "Nature's internet: how trees talk to each other in a healthy forest" Suzanne Simard を参照のこと。（https://www.youtube.com/watch?v=breDQqrkikM）

（14）https://www.bbc.com/news/science-environment-48257315（２０１９年6月4日にアクセス）

(15) eMarketer社による推計（２０１７年７月）。少なくとも月１回はサイトにアクセスする人を推計対象としている。
(16) フェイスブックは数年に一度同様の研究を行っていて、平均人数の値は徐々に小さくなっている。
(17) ハンナ・アーレント『人間の条件』志水速雄訳、ちくま学芸文庫、１９９４年
(18) ドラッカーのknowledge workerは「知識労働者」と訳されることが多いが、アーレントの定義に則って、「労働者」ではなく「ワーカー（仕事人）」と訳す方が正しいニュアンスを伝えられる。
(19) 活動社会がどのような姿になるのかについては、森健「デジタル資本主義と人材のトランスフォーメーション」『知的資産創造』ＮＲＩ、２０１９年1月号を参照のこと。
(20) ハンナ・アーレント『政治の約束』ジェローム・コーン編、高橋勇夫訳、ちくま学芸文庫、２０１８年、10ページ（編者ジェローム・コーンによる序文）
(21) たとえばシモーヌ・ヴェイユ。『根を持つこと（下）』（冨原眞弓訳、岩波文庫、２０１０年）には、労働に思考を宿すことで霊的な根付きを生み出すべきだと述べられている。
(22) 吉野次郎「日本の防犯カメラ、５００万台に迫る」『日経ビジネス』２０１８年11月13日（https://business.nikkei.com/atcl/report/16/110800252/111200002/?P=1）（２０１９年8月7日にアクセス）
(23) デイヴィッド・ライアン『監視文化の誕生――社会に監視される時代から、ひとびとが進んで監視する時代へ』田畑暁生訳、青土社、２０１９年

第2章

(1) Ｒ・Ｆ・ラッシュ、Ｓ・Ｌ・バーゴ『サービス・ドミナント・ロジックの発想と応用』井上崇通監訳、同文舘出版、２０１６年、12-13ページ

（2）MaaS GlobalのHP参照。（https://maas.global/what-is-mobility-as-a-service-maas/）（2019年6月27日にアクセス）

（3）セオドア・レビット『マーケティング発想法』土岐坤訳、ダイヤモンド社、1971年

（4）ステータスシンボルとしての自動車所有に重きを置く人も、根源的には自動車を欲しているのではなく、その（高級）自動車がシグナルとして発してくれるステータスを欲している。

（5）"Whimpact 2018: One year of Mobility as a Service with Whim" より。

（6）ニコラス・カー『オートメーション・バカ――先端技術がわたしたちにしていること』篠儀直子訳、青土社、2014年、164-165ページ

（7）現実には生産したものが全て同じ期間に販売されるわけではなく、在庫の変動が起こる。そこで支出面の統計には「在庫純増」を一項目に含めることで、生産額と支出額が一致するように調整されている。

（8）Industryという英語に「産業」という訳語をあてたのは西周（にしあまね）だという説がある。つまり産業という言葉が日本で登場したのは比較的最近（明治時代）ということになる。

（9）アンドレアス・ワイガンド『アマゾノミクス――データ・サイエンティストはこう考える』土方奈美訳、文藝春秋、2017年、25ページ

（10）一般的にはB2C（消費者向けビジネス）という呼び名が使われているが、第1章でも記述したように、デジタル資本主義の時代の人間は消費者としての位置づけが弱まり、利用者、評価者としての役割が高まると考えているため、「人間向けビジネス」という呼び名を使っている。

（11）自動運転車が事故を起こした際の責任はだれがとるのかという話から、機械にも法人格のようなものを与える必要があるのではないか、という議論が出てきている。そのため将来は機械が契約の主体になるというシナリオもありえなくはない。これは、機械に本当の人格が存在しているのかという議論とは関係な

く、会社に法人格を与えたのと同じ法律的な視点である。

（12）マルクス・ガブリエル『なぜ世界は存在しないのか』清水一浩訳、講談社選書メチエ、２０１８年、97-１０６ページ

（13）２０００年度を基準時点、２０１６年度を計測対象時点として、両年における当該領域（例：食料品）の支出額比率と価格指数をもとに、２０１６年度のTörnqvist Index（ＴＩ）を計算し、１／ＴＩ－１の計算式を用いて等価変分（ＥＶ）を推計している。なおこの計算式は“Measuring the welfare gain from personal computers” Jeremy Greenwood & Karen Kopecky, Economic Inquiry Vol.51 No.1 January 2013より。

（14）梅棹忠夫『情報の文明学』中公文庫、１９９９年、60ページ。お布施理論によると、お布施の額はお寺と檀家の格の高さで決まる。両方の格が高ければお布施の額も大きくなり、片方の格だけ高い場合はそれより小さくなる。つまり情報という空気のような存在に対する値付けは、情報の提供元の格が高いのか（信頼できるのか）、そして情報の買い手自身の社会的な地位が高いのかに依存するという。

（15）ケヴィン・ケリー『〈インターネット〉の次に来るもの――未来を決める12の法則』服部桂訳、ＮＨＫ出版、２０１６年、93-99ページ

第３章

（１）https://boxil.jp/mag/a5170/（２０１９年８月16日にアクセス）

（２）ニック・メータ他『カスタマーサクセス――サブスクリプション時代に求められる「顧客の成功」10の原則』バーチャレクス・コンサルティング訳、英治出版、２０１８年

（３）https://www.salesforce.com/jp/blog/2017/04/customer-success-01.html（２０２０年１月10日にアクセス）

（４）ティエン・ツォ、ゲイブ・ワイザート『サブスクリプション――「顧客の成功」が収益を生む新時代のビジネスモデル』桑野順一郎監訳、御立英史訳、ダイヤモンド社、２０１８年、第６章

（５）https://blogs.adobe.com/japan/general-adobe-sensei-next-generation-design-environment/（２０１９年９月２日にアクセス）

（６）https://news.adobe.com/press-release/experience-cloud/adobe-named-leader-2018-gartner-magic-quadrant-digital-experience（２０１９年９月２日にアクセス）

（７）https://helpx.adobe.com/jp/creative-cloud/release-note/cc-release-notes.html（２０１９年９月２日にアクセス）

（８）https://www.ht2labs.com/saas-success-as-a-service/（２０２０年1月10日にアクセス）

（９）https://www.cbinsights.com/research/report/corporate-venture-capital-trends-2018/（２０１９年９月２日にアクセス）

第4章

（１）ネットスケープなどのＷｅｂブラウザーを開発したマーク・アンドリーセンによる２０１１年の発言。

（２）https://ark-invest.com/research/food-as-a-service-the-3-trillion-meal-delivery-market（２０２０年１月10日にアクセス）

（３）https://subscription-mag.com/case-study/topic-of-blue-apron/（２０２０年1月10日にアクセス）

（４）https://news.microsoft.com/2019/01/07/kroger-and-microsoft-partner-to-redefine-customer-experience-introduce-digital-solutions-for-retail-industry/（２０２０年1月10日にアクセス）

（５）ダグ・スティーブンス『小売再生――リアル店舗はメディアになる』斎藤栄一郎訳、プレジデント社、

２０１８年

（6）https://amp.review/2018/02/02/admission-fee/（２０２０年１月10日にアクセス）

（7）MaaS Alliance "White Paper: Guidelines & Recommendations to create the foundations for a thriving MaaS Ecosystem", September 4, 2017

（8）https://www.uber.com/newsroom/everyday-life-os/（２０１９年11月５日にアクセス）

（9）https://www.youtube.com/watch?v=W_tn5tsdR4k（２０１９年11月５日にアクセス）

（10）エコノミスト・インテリジェンス・ユニット『日本における「価値に基づく医療」』２０１６年７月

（11）https://pharmaphorum.com/views-analysis-patients/pharma-must-put-patients-at-the-centre-of-the-shift-to-value-based-care/（２０２０年１月10日にアクセス）

（12）Nimmy John, Sanath S. Shenoy "Health cloud - Healthcare as a service(HaaS)" November 2014

（13）チャック・ウィジャー、ダニエル・クロスビー『ゴールベース資産管理入門――顧客志向の新たなアプローチ』新井聡監訳、野村證券ゴールベース研究会訳、日本経済新聞出版社、２０１６年

第5章

（1）米国ＧＥ（ゼネラル・エレクトリック）社が構築している産業用ＩｏＴプラットフォーム。

（2）https://wired.jp/2019/08/27/machine-learning-streaming-music-amuse/（２０１９年９月３日にアクセス）

（3）http://jdsc.or.jp/db/%E3%83%8F%E3%83%AA%E3%82%A6%E3%83%83%E3%83%89%E6%98%A0%E7%94%BB%E3%81%AE%E8%88%88%E8%A1%8C%E6%88%90%E7%B8%BE%E3%82%92%E8%84%9A%E6%9C%AC%E6%AE%B5%E9%9A%8E%E3%81%A7%E4%BA%88%E6%B8%AC%E3%81%99%E3%82%8B/（２０１９年９月３日にアクセス）

（4）http://digital-innovation-lab.jp/phillips-lighting/（2019年12月3日にアクセス）

（5）ルクスとは照度の国際単位（1平米あたりの明るさ）。

（6）ティエン・ツォ、ゲイブ・ワイザート『サブスクリプション――「顧客の成功」が収益を生む新時代のビジネスモデル』桑野順一郎監訳、御立英史訳、ダイヤモンド社、2018年、第13章

（7）基本的なサービスや製品は無料で提供し、高度な機能や付加的なサービスについては課金をする仕組み。フリー（無料）とプレミアム（割増）の合成語。

（8）https://webtan.impress.co.jp/e/2018/04/12/28397（2019年9月3日にアクセス）

（9）https://tech.nikkeibp.co.jp/atcl/nxt/column/18/00001/00028/（2019年12月3日にアクセス）

（10）https://eczine.jp/premium/detail/7020（2019年12月3日にアクセス）

（11）https://www.ana.co.jp/group/pr/pdf/20190702-2.pdf（2019年12月3日にアクセス）

第6章

（1）総務省「平成29年版情報通信白書」2-3ページ

（2）ハンス・ロスリング、オーラ・ロスリング、アンナ・ロスリング・ロンランド『ファクトフルネス――10の思い込みを乗り越え、データを基に世界を正しく見る習慣』上杉周作、関美和訳、日経BP社、2019年、65ページより。回答の選択肢は「どんどん良くなっている」「どんどん悪くなっている」「あまり変わっていない」の3つ。

（3）バートランド・ラッセル『ラッセル幸福論』安藤貞雄訳、岩波文庫、1991年、54ページ

（4）Richard A. Easterlin "Does Economic Growth Improve the Human Lot? Some Empirical Evidence" *Essays Honor of Moses Abramovitz*, 1974, pp.89-125

（5）幸福度の飽和点（所得が増えてもこれ以上幸福度が上がらないポイント）については研究によって3万ドルや7万ドルなどさまざまな説がある。また、ある所得水準を超えると幸福度は上昇しなくなるのではなく、むしろ低下すると主張する研究者もいるし、逆に飽和点はないと主張する研究者もいる。

（6）指標の開発当初は国民所得（Gross National Product：ＧＮＰ）という呼び名が使われていたが、現在は国境内での経済活動を捕捉する国内総生産（Gross Domestic Products：ＧＤＰ）という呼び名が用いられている。本書では基本的にＧＤＰという呼び名を用いる。

（7）"National Income in 1929-32. A report to the Senate, 73rd Congress, 2nd Session. Washington DC" 1934, pp.5-6

（8）この事件は英国ニューカッスル市で起こったことから"Newcastle heckler（ニューカッスルのヤジ飛ばし）"と呼ばれるようになっている。たとえば以下の記事を参照のこと。（https://www.theguardian.com/commentisfree/2017/jan/10/blunt-heckler-economists-failing-us-booming-britain-gdp-london）

（9）Marc Fleurbaey, Didier Blanchet *Beyond GDP: Measuring Welfare and Assessing Sustainability* Oxford University Press, 2013

（10）詳細はWilliam D. Nordhaus, James Tobin, "Is Growth Obsolete?" *Amenities and Disamenities of Economic Growth* NBER, 1972を参照のこと。

（11）ケイパビリティ・アプローチについては、アマルティア・セン『不平等の再検討――潜在能力と自由』池本幸生他訳、岩波現代文庫、２０１８年などを参照のこと。

（12）ブリニョルフソンは、無料サービスのユーザーは何も払っていないが（pay nothing）、そのサービスに注意を払っている（pay attention）ことから、無料のデジタルサービスの世界をアテンション・エコノミーと名付けている。

(13) Erik Brynjolfsson他 "GDP-B: Accounting for the Value of New and Free Goods in the Digital Economy" *UNSW Business School Reserch Paper Forthcoming* March 2019。なお本論文では消費者余剰ではなく近似の概念が用いられていて消費者余剰という言葉は出てこないが、本書では便宜的に消費者余剰という言葉で説明する。

(14) ブリニョルフソンらは一貫してWTA(受入意思額)の中央値を採用しているが、WTAの回答には極端に大きな回答があることが多く、その外れ値の影響を極力小さくするために中央値を採用しているようである。

(15) その例として朝食用シリアルのWTAと消費者余剰を推計している。彼らの推計結果によると、朝食用シリアルに対するWTAの中央値は48ドル/年、そこから計算できる米国全体での消費者余剰は年間150億ドルとのことである(参考:米国のシリアル産業の売上高は100億ドル)。

(16) 相関係数は0から1の数値をとり、数値が高いほど2変数が同じ動きをしていることを意味する(相関係数が1の場合、2変数はまったく同じ動きをしている)。

(17) ちなみに1人当たりGDPとDESIの相関係数は0・60でこちらも比較的高いが、生活満足度とDESIの相関係数(0・82)には及ばない。

(18) 梅棹忠夫『情報の文明学』中公文庫、1999年、52ページ

(19) ラファエル・A・カルヴォ、ドリアン・ピーターズ『ウェルビーイングの設計論——人がよりよく生きるための情報技術』渡邊淳司監修、ビー・エヌ・エヌ新社、2017年、29ページ

(20) 同右

(21) アリストテレス『ニコマコス倫理学(上)(下)』高田三郎訳、岩波文庫、1971-73年

(22) 詳しくはマイケル・サンデル『それをお金で買いますか』鬼澤忍訳、ハヤカワ・ノンフィクション文庫、

２０１４年を参照のこと。

(23) どこまでが「経済活動」なのかについては議論が大きく分かれる点であり、本書においてもその境界線はグレーである。第1章では無料のＳＮＳから得られる消費者余剰を推計しているが、無料のＳＮＳで友人・知人関係を深めているのは経済ではなく社会的な活動ではないかという指摘もありうるだろう。しかしここではＳＮＳを友人・知人との関係を維持・深化させるための道具と捉え、その道具に対する支払意思額をアンケートで聞いているのである。

(24) 基本的にはインターネット利用時間の統計をもとに推計している。モデルは"The Attention Economy: Measuring the Value of Free Goods on the Internet" Erik Brynjolfsson & JooHee Oh, 2017を使用。なお「ＧＤＰ-Ｂ」は、インターネット利用時間ではなく消費者への直接的な質問から消費者余剰を推計していることから、コンセプトは同じでも推計方法が異なる。

(25) Robert M. Solow "We'd better watch out", *New York Times Book Review*, July 12, 1987

(26) 梅棹忠夫『情報の文明学』中公文庫、１９９９年、50ページ

(27) 消費者余剰が数学の虚数の性質を備えている（例：２乗するとマイナスになる）と主張しているわけではなく、生産者余剰とは異なる存在として（実数に対する虚数のように）取り扱うべきという主張である。

(28) シェリー・タークル『つながっているのに孤独――人生を豊かにするはずのインターネットの正体』渡会圭子訳、ダイヤモンド社、２０１８年、３２５ページには、フェイスブックに「疲れ果てて」利用をやめた米国高校生の話が掲載されている。

(29) ＳＮＳ断ちをしたことで、「自分の時間がつくれるようになった」（つまりこの人は自分の自由意思ではなく拘束義務として使っていた）、「睡眠がとれるようになった」、「仕事の生産性が高まった」など。

(30) オンラインゲーム中毒になっている人の、そのゲームに対する支払意思額は極めて高いはずなので消費者

余剰は大きいことになる。

(31) このような問題意識については、市井三郎『歴史の進歩とはなにか』岩波新書、を参考にしている。

(32) 正確にいうと、アマルティア・センは、ケイパビリティが高まることでウェルビーイングを高めることができるという表現ではなく、その人の自由度が高まる、つまりなりたい自分になるための自由度が高まると述べている。

(33) ニューヨーク大学スターン・スクールのスンドララジャン教授に対する著者のインタビューより(2017年8月)。

(34) John F. Helliwell, Richard Layard and Jeffrey D. Sachs "2019 World Happiness Report"より。ちなみに所得だけはその効果が徐々に低下する、つまり高所得になればなるほど幸福度に及ぼす影響は低下するとしている。

(35) ゲーム理論的にいえば、パレート最適な組み合わせを示した線上のどこを社会的に最も望ましい点として選ぶべきかという問いかけでもある。ナッシュ解、ライファ解、ブレイスウェスト解などが可能性としてはありうるが、いずれも公正さを欠く結果をもたらす可能性があると指摘されている。詳しくは『「きめ方」の論理』佐伯胖、ちくま学芸文庫、2018年の第5章を参照のこと。

(36) ハンナ・アーレントは元ナチス党員の「アイヒマン裁判」を通じて、思考停止した人間がもたらす「悪の凡庸さ」について分析しているが、現代の企業に当てはめても、思考停止した社員によるコンプライアンス違反の事例には事欠かないようにみえる。

(37) センは、功利主義も各人の効用の増分に対して等しいウェイトを課す、という前提において実は平等主義的な側面があることを指摘している。詳細はアマルティア・セン『不平等の再検討――潜在能力と自由』池本幸生他訳、岩波現代文庫、2018年、第1章を参照のこと。

第7章

（1）ソ連時代の最先端技術の研究所（サイバネティクス研究所）が前身のサイバネティカ社が主に開発。2001年から稼働。

（2）エストニアでは、法律上は「国家公務員」と「地方公務員」の区別はなく、全て「公務員法」で管理されている。これは、エストニアが「統一国家」であり、「自治体（self-governing regions）」が存在しないことを意味する。人的資源の管理（任命・雇用、配置等）は、各行政機関が行うため、この意味では「経済通信省の職員」「タリン市の職員」といった区別はある。「準公務員」という概念も日本とは異なるが、公務員法の対象外（通常の雇用契約法を適用）として、医療スタッフや教師・学者などがある。

エストニアは日本よりも人口当たりの公務員数が多いという統計がある。ただエストニアの場合、約3万人の公務員のうち、国の行政機関が雇用する職員は2万4000人ほど、地方政府の行政機関が雇用する職員は6000人ほどと国家公務員の割合が高いのが特徴である。しかも、国の職員のうち多いのは、警察官や税務職員である。省庁の職員は3000人ほどしかいないため、実際行政サービスに従事する1人当たりの職員数は日本よりも低いことになる。

（3）評価額10億ドル以上の非上場、設立10年以内のベンチャー企業。

（4）佐藤千里「オープンイノベーションにおけるデザインシンキングの意義」『千葉商大論叢』54巻2号、2017年、259-274ページによると、産学官と市民（個人）がカタリスト（Catalyst：触媒）の力を借りながら、知識と経験にふれながら波紋のように伝播しつつイノベーションを推進するモデルが日本のプロトタイプになることを示している。

（5）地方にありながら、世界中とつながる機能（ハブ）を有する都市を表す造語で、具体的には、地域の生産性を向上させる可能性のある、自立的な産業・経済の構築が可能な都市を指す。

第8章

（1）第1章で述べたように、消費から利用へというシフトは、ハンナ・アーレントのフレームワークを用いれば労働社会から仕事・活動社会へのシフトを意味していると考えている。
（2）高岡詠子『シャノンの情報理論入門』講談社、２０１２年、第３章
（3）マイケル・ルイス『世紀の空売り――世界経済の破綻に賭けた男たち』文春文庫、２０１３年には、世界金融危機が起こると信じて大金を賭けて大金持ちになった人物の実話が紹介されている。
（4）梅棹忠夫『情報の文明学』中公文庫、１９９９年、１５４‐１５５ページ
（5）https://go.forrester.com/blogs/hadoop-is-datas-darling-for-a-reason/（２０１９年11月15日にアクセス）
（6）経済産業省「ＡＩ・データの利用に関する契約ガイドライン」２０１８年６月、13ページ
（7）Jaron Lanier et al "Should We Treat Data as Labor? Moving Beyond 'Free'," *American Economic Association Papers & Proceedings*, 1(1)December 29, 2017
（8）この考え方は限界生産力仮説と呼ばれていて、他にも賃金水準を考えるための経済理論は存在しているが、ここでは単純化のため限界生産力仮説だけを取り上げている。
（9）https://www.nytimes.com/2019/03/25/us/newsom-hertzberg-data-dividend.html（２０１９年10月16日にアクセス）
（10）アレックス・ペントランド『ソーシャル物理学――「良いアイデアはいかに広がるか」の新しい科学』小林啓倫訳、草思社文庫、２０１８年、３１５ページ。ペントランドらは当該データを「コモンズ」と呼んでいるが、データ提供者であるコートジボワール国民を構成員とみなしているのか、つまり真の意味でのコモンズかどうかは疑問が残る。
（11）森信茂樹『デジタル経済と税――ＡＩ時代の富をめぐる攻防』日本経済新聞出版社、２０１９年、１０９

ページ

(12) 森信茂樹『デジタル経済と税――AI時代の富をめぐる攻防』日本経済新聞出版社、2019年、第4章

(13) 岩井克人は、資本主義経済においては効率性と安定性の間に二律背反の関係があることを指摘している。つまり効率性を高めるための各種規制緩和は、経済システムの不安定性という代償を伴うことになる。詳しくは『岩井克人「欲望の貨幣論」を語る』東洋経済新報社、2020年などを参照のこと。

(14) カール・ポランニー『経済と自由――文明の転換』福田邦夫他訳、ちくま学芸文庫、2015年、40ページ

(15) 詳細はエーリッヒ・フロム『自由からの逃走』日高六郎訳、東京創元社を参照のこと。

(16) アルビン・E・ロス『Who Gets What（フー・ゲッツ・ホワット）――マッチメイキングとマーケットデザインの経済学』櫻井祐子訳、日経ビジネス人文庫、2018年

(17) https://www.opalproject.org/home-en（2019年11月28日にアクセス）

(18) デイビッド・サックス『アナログの逆襲――「ポストデジタル経済」へ、ビジネスや発想はこう変わる』加藤万里子訳、インターシフト、2018年には近年先進国を中心に音楽レコードの需要が増加していることが記載されている（第1章）。それによれば、レコードの販売枚数規模は依然として非常に小さいけれども、購入者の支払意思額は高く、CDあるいはストリーミングと比べて利益率は群を抜いて高いという。48ページ参照のこと。

おわりに

野村総合研究所（ＮＲＩ）では、「デジタルが拓く近未来」をテーマに２０１７年度から研究を始め、毎年10月には、「ＮＲＩ未来創発フォーラム」という形で対外的に研究成果を報告してきた。また２０１８年5月には、研究成果の第一弾を、書籍『デジタル資本主義』（東洋経済新報社）という形でまとめて世に出すことができた。本書はその続編の位置づけである。

幸運なことに、前著は幅広い業界で多くの反響を呼んだようである。さまざまな方から、評価のお言葉だけでなく貴重なご批判もいただくことができ、その後の研究にとって得難い経験となった。前著では、「ＧＤＰのピンボケ現象」がデジタルによって加速化していることを、「消費者余剰」の視点から示した。我々の生活から切り離せなくなった各種無料デジタルサービス（メール、地図、ＳＮＳ、検索、動画視聴等）や、ウーバー、エアビーアンドビーに代表される、いわゆるシェアリング・エコノミーの登場等にスポットライトを当てて、それらが引き起こす経済、社会のパラダイムシフトについて多面的に議論している。

本書では、引き続き「消費者余剰」の存在を切り口にしつつも、我々がこれまでなじんできた産業分類が溶解しつつあることを、「産業のａａＳ（アズ・ア・サービス）化」という概念で提示した。何を生産するのかではなく、どんな効用を顧客に提供するのか、による業種分類ということで、ソフトウェア業界や自動車製造業だけでなく、不動産や金融などさまざまな業種がどうａａＳ化していくのかについて、我々の見立てを紹介した。

本書のもうひとつの目玉が、「ビヨンドＧＤＰ」指標の提案である。デジタルが引き起こす「ＧＤＰのピンボケ現象」を解消するための広角レンズを準備したことになる。我々はその新指標を「ＧＤＰ＋ｉ（ＧＤＰプラスアイ）」と名付けているが、現時点では試作品（プロトタイプ）であり、今後の改良を進めるとともに、読者の皆様の議論を喚起するきっかけになれば幸いである。

本書を書き下ろすに当たって、改めて、アカデミズムでもなく、ジャーナリズムでもないシンクタンクの役割について自問した。そこで到達したのが、ＮＲＩの設立趣意書（１９６２年）の中にある、「マルチ・ディシプリナリーな（複数の専門分野にまたがった）研究を行うこと」という記述である。この研究姿勢こそがシンクタンクの真骨頂であり、社会に対してユニークな価値を提供できる領域であると確信し、本書においても前著同様、社内外の幅広い専門家の助けを得て、技術、経済、経営、社会、哲学など幅広い領域を駆け巡ってデジタル時代の未来像を描いてみた。読者の皆様が、本書からそのようなユニークさや「マルチ・ディシプリナリー」を感じていただけるようであれば望外の喜びである。

最後に、本書を執筆するに際して、意見交換をさせていただき、貴重な示唆をいただいた社内外の方々には厚くお礼を申し上げたい。ＭＩＴ（マサチューセッツ工科大学）メディアラボのアレックス・ペントランド教授や、世界でいちはやくデジタルが生み出す消費者余剰に着目した、MITのエリック・ブリニョルフソン教授と、博士課程のアビナッシュ・コリス氏からは多くのインスピレーションをいただいた。また産業戦略研究所の村上輝康代表（元NRI理事長）には、前著に引き続き、本書の内容について貴重なアドバイスをいただいた。

NRIの此本臣吾会長兼社長には、本研究を主導していただき、また本書の監修をしていただいた。未来創発センターの桑津浩太郎センター長・研究理事、そしてNRIコンサルティング事業本部長の村田佳生専務執行役員には、本研究の実施に当たってさまざまな配慮をいただいた。ここに改めて感謝を申し上げたい。

そして、東洋経済新報社の伊東桃子氏には、前著に引き続いて本書の構成・執筆に関する的確なアドバイスをいただいた。この場をお借りして深くお礼申し上げる。

2020年3月

森　健

著者一同

八木　創（やぎ　そう）　第4・5章執筆

野村総合研究所（NRI）コンサルティング事業本部グローバルインフラコンサルティング部副主任コンサルタント。京都大学大学院理学研究科修士課程修了。専門は運輸・交通・モビリティ分野の事業戦略策定と、新規事業開発および実行支援。

神尾　文彦（かみお　ふみひこ）　第7章執筆

野村総合研究所（NRI）コンサルティング事業本部社会システムコンサルティング部長、主席研究員。専門は都市・地域戦略、公共政策。内閣官房「未来技術×地方創生検討会」に加え、総務省、山形県、山梨県、宮城県、横浜商工会議所などで委員を歴任。主な共著書に『地方創生 2.0』『社会インフラ 次なる転換』（いずれも東洋経済新報社）、『東京・首都圏はこう変わる！ 未来計画 2020』（日本経済新聞出版社）などがある。

監修者・著者紹介

此本　臣吾（このもと　しんご）　監修者

野村総合研究所（NRI）代表取締役会長兼社長。1985年東京大学大学院工学系研究科機械工学科修了、同年NRI入社。グローバル製造業の戦略コンサルティングに従事。1994年台北事務所長（1995年同支店長）、2000年産業コンサルティング部長、2004年執行役員コンサルティング第三事業本部長、2010年常務執行役員コンサルティング事業本部長、2013年常務執行役員コンサルティング事業担当、2015年代表取締役専務執行役員ビジネス部門担当。2016年代表取締役社長、2019年より現職。共著書に『2010年のアジア』『2015年の日本』、共編著書に『2015年の中国』『2020年の中国』（いずれも東洋経済新報社）がある。

[NRI デジタルエコノミーチーム]

森　健（もり　たけし）　編著者、第1・2・6・8章執筆

野村総合研究所（NRI）未来創発センター上級研究員。ロンドン・スクール・オブ・エコノミクス（LSE）経済学修士課程修了。共著書に『デジタル資本主義』（2019年度大川出版賞）、『2010年のアジア』『2015年の日本』（いずれも東洋経済新報社）、『グローバル・ビジネス・マネジメント』（中央経済社）などがある。

石綿　昌平（いしわた　しょうへい）　第3・4章執筆

野村総合研究所（NRI）コンサルティング事業本部アナリティクス事業部長。カリフォルニア大学バークレー校MBA。専門は企業のデジタルトランスフォーメーション支援。共著書に『ITナビゲーター』（東洋経済新報社）などがある。

重田　幸生（しげた　ゆきお）　第4章執筆

野村総合研究所（NRI）コンサルティング事業本部グローバル製造業コンサルティング部電機・機械グループGM。東京工業大学大学院修了。専門は製造業向けDX事業戦略立案、DX推進組織・業務設計など。

デジタル国富論

2020年 4月 9日　第1刷発行
2020年12月31日　第2刷発行

監修者――此本臣吾
編著者――森　健
著　者――NRIデジタルエコノミーチーム
発行者――駒橋憲一
発行所――東洋経済新報社
〒103-8345　東京都中央区日本橋本石町1-2-1
電話＝東洋経済コールセンター　03(6386)1040
https://toyokeizai.net/

装　丁…………橋爪朋世
D T P…………森の印刷屋
印刷・製本……丸井工文社
編集担当………伊東桃子

ISBN 978-4-492-39650-6